ERHEBENDE GEDANKEN

Die Meditation

Aus dem Französischen übersetzt.
Originaltitel:
»Une pensée en éveil – La voie de la méditation«

ISBN 978-3-89515-123-1

2. Auflage

Druck 2024: Interpress, Ungarn

Omraam Mikhaël Aïvanhov

Erhebende Gedanken

Die Meditation

PROSVETA VERLAG

Inhalt

Teil III

Teil IV

Teil I

Das Denken, ein Werkzeug unserer Macht

Weil sie eine Art Unbehagen oder innere Leere empfinden, die ihnen nach und nach den Geschmack am Leben nimmt, sagen sich manche Menschen, dass sie ihren Lebensstil ein wenig ändern sollten: Sie probieren eine neue Ernährungsweise aus, suchen wieder mehr Kontakt zur Natur, praktizieren eine Sportart oder auch Yoga und Meditation. Leider genügt es nicht, unseren Lebensstil ein wenig zu ändern, um ins Gleichgewicht zu kommen und uns in Harmonie mit der Welt zu fühlen, die uns umgibt. Die Änderungen müssen tiefer im Inneren vorgenommen werden.

Nun haben die meisten Menschen aber oft Ansichten und Gewohnheiten, die sich bereits so fest verankert haben, dass sie nicht in der Lage sind, sich davon zu befreien. Selbst wenn sie Bücher über Spiritualität lesen, behalten sie davon nur das, was ihnen passt; alles, was nicht ihren Standpunkten oder ihrem Geschmack entspricht, lehnen sie ab. Deshalb kommen sie nicht voran. Wer wirklich von einer spirituellen Lehre profitieren will, darf sich nicht damit begnügen, seinen vorgefertigten Meinungen und angenommenen Gewohnheiten ein paar Kenntnisse und Übungen hinzuzufügen. Er muss bereit sein, sein Leben vollständig zu überdenken und die nötigen Anstrengungen zu unternehmen, um jede einzelne Lebensäußerung zu verbessern.

Alle wissen, dass das Denken die Besonderheit des Menschen ist. Aber nur wenige wissen, dass das Denken als Emanation des Göttlichen Geistes, der es geformt hat, unbegrenzte Fähigkeiten besitzt. Man kennt vor allem jene Ergebnisse auf der physischen Ebene, die das Denken mithilfe von Werkzeugen und anderen materiellen Mitteln in steigendem Maße hervorbringt. Aber man ist noch weit davon entfernt zu erkennen, was es auf der psychischen und spirituellen Ebene verwirklichen kann. Auch da wirkt das Denken schöpferisch und gestalterisch: Es bewegt Elemente, es baut auf und zerstört... Es ist also weit mehr als eine simple Fähigkeit, deren Ziel es ist zu erkennen, zu verstehen und zu reflektieren, sondern es ist das Werkzeug unserer Macht.

Es gibt zwar Menschen, die, weil sie verstanden haben, welche Macht dem Denken innewohnt, sich daran machen, es weiterzuentwickeln und alle seine Möglichkeiten auszuschöpfen. Aber wozu? Geht es ihnen darum, die Herrschaft über sich selbst zu erlangen, sich innerlich zu erheben, eine wohltuende Wirkung auf alle anderen zu entfalten? Nein, sie üben sich in ihrer Gedankenkraft, um andere zu dominieren, um sie dazu zu bringen, ihren Interessen zu dienen und Erfolge zu erzielen, die sie durch ihre alleinigen intellektuellen Fähigkeiten oder ihren Arbeitseifer niemals erreichen würden. Nun, diese Leute müssen damit rechnen, eines Tages schreckliche Lektionen erteilt zu bekommen.

Der Schöpfer hat dem Menschen das Denken nicht gegeben, damit er es zu einem Mittel macht, andere Lebewesen oder die Natur zu dominieren. Der Mensch muss sein Denken dazu benutzen, sich selbst zu beherrschen, um die Meisterschaft über seine innere Welt zu erlangen, und auch über seinen Körper, insofern es die Bestimmung des Körpers ist, zum Instrument des Geistes zu werden. Die Fähigkeit unseres Gehirns, das Wissen und die Kräfte des Geistes zu übermitteln, hängt von der Disziplin ab, die wir bereit sind, uns in unserem täglichen Leben aufzuerlegen. Um von allen Kräften des Geistes profitieren zu können, muss man sich eine neue Lebensauffassung zu eigen machen, ein neues Verhalten bezüglich allem, was in den sichtbaren und unsichtbaren Welten existiert.

Teil II

Was bedeutet »wach sein«?

1
Morgens beim Aufwachen

Die Menschen scheinen wach zu sein, aber in Wirklichkeit schlafen die meisten nur. Sie gehen durch das Leben, ohne etwas zu sehen, ihr Denken ist nicht präsent. Am Morgen öffnen sie die Augen, aber das heißt nicht, dass sie wach sind. Wach sein bedeutet, sich der geringsten Offenbarungen des Lebens bewusst zu werden, unseres Lebens und des Lebens der Menschen, die uns umgeben oder denen wir begegnen. Das Ziel des Lebens ist... zu leben. Und man kann nur leben, indem man Verbindungen knüpft mit allen sichtbaren und unsichtbaren Existenzen, die das Universum bevölkern. Denn der Schöpfer hat sein Leben in jedes Wesen und in jedes Ding hineingelegt.

Wenn ihr am Morgen aufwacht, seid ihr euch dann, noch bevor ihr die Augen öffnet, des Privilegs bewusst, lebendig zu sein? Ihr hättet ja auch nicht aufwachen können; doch ihr seid lebendig, und diese Entdeckung sollte euch mit Dankbarkeit erfüllen. Versucht – vom Aufwachen an – zu spüren, dass ihr bereits Liebe empfangt, denn überall im Universum manifestiert sich die Liebe. All dieses Leben vom Himmel und von der Erde, das auf euch zukommt, ist Liebe, eine Liebe, die aus der göttlichen Quelle sprudelt. Bedankt euch und nehmt euch vor, selbst ebenfalls mit Liebe zu leben, also, ganz einfach, mit Liebe zu atmen, zu essen, zu gehen, zu blicken, zu sprechen und zu hören. Richtet euren inneren Blick zum Himmel, indem ihr diesen Tag unter seinen Schutz stellt. Bittet ihn darum, euch in allen euren Handlungen sowie in allen zu treffenden Entscheidungen zu inspirieren.

Richtet dann einen Gedanken an eure Familienmitglieder, die hier mit euch zusammenleben, ganz besonders an die Kinder. Ihr möchtet, dass jeder in eurem Hause glücklich ist? Dann stellt euch vor, dass er im Licht schwimmt.

Wenn ihr euer Fenster öffnet, denkt daran, den Himmel, die Sonne, die Bäume und alle lebendigen Geschöpfe zu grüßen. Grüßt sie mit einem Handzeichen, indem ihr sagt: »Ich schenke euch meine Liebe, ich möchte mit euch in Harmonie sein.« Auf diese Weise beginnt ihr euren Tag mit einer ganz wesentlichen Handlung: Ihr verbindet euch mit den Quellen des Lebens, und ihr werdet fühlen, dass der gesamte Raum um euch herum erfüllt ist mit wohl gesonnenen Wesenheiten. Als Antwort auf euren Gruß werden sie euch Energien für diesen beginnenden Tag schicken. Grüßen bedeutet, sich zu öffnen, und indem man sich öffnet, empfängt man das Leben.

Ihr solltet also jeden Tag ganz bewusst erneut Kontakt mit der Welt aufnehmen, mit allen Existenzen, die das Universum bevölkern. Schickt einen Gedanken an die Menschen, sogar an jene, denen ihr vielleicht niemals begegnen werdet, aber vor allem an jene, denen ihr nah oder fern während dieses Tages begegnen werdet, dann werdet ihr bereits spüren, wie ihr euch innerlich öffnet.

2
Vom materiellen zum spirituellen Wasser

Das Wasser ist so sehr Teil des täglichen Lebens, dass man es zu kennen glaubt. Man trinkt es, man benützt es zum Kochen der Nahrungsmittel, für die Toilette, die Waschmaschine und für alle Arten von Putzarbeiten. Aber wer ist sich seiner wahren Natur bewusst? Das Wasser ist in Wirklichkeit eine Materialisierung des kosmischen Fluidums, das den Raum erfüllt. Durch das physische Wasser kann man täglich mit Hilfe des Denkens ein Element spiritueller Natur berühren. Natürlich müssen dafür bestimmte Bedingungen erfüllt sein.

Am Morgen, bevor ihr den Tag beginnt, wascht ihr euch. Wenn ihr schnell und mit hektischen Bewegungen duscht oder euch wascht und dabei an etwas anderes denkt, ist dies nicht gut für euer Nervensystem. Versucht eher, maßvolle, harmonische Bewegungen auszuführen und konzentriert euch gleichzeitig auf das Wasser, auf seine Frische, seine Klarheit, seine Reinheit. Es wird in euch unbekannte Regionen berühren, und ihr werdet euch nicht nur erleichtert und gereinigt fühlen, sondern euer Herz und euer Verstand werden durch neue, feinstoffliche, belebende Elemente genährt; und egal welche Aktivitäten ihr anschließend ausführt, ihr werdet sie mit klarerem Denken angehen. Das physische Wasser enthält die Elemente und Energien des spirituellen Wassers, man muss nur lernen, sie in sich zu erwecken, um sie zu empfangen.

Und wie oft wascht ihr euch täglich die Hände! Es gibt nichts Banaleres! Aber in Wirklichkeit ist nichts banal, ist nichts bedeutungslos, vorausgesetzt man geht bewusst damit um. Ihr könnt diesem Wasser eure besten Gedanken, Gefühle und Wünsche für euch selbst und für die ganze Welt anvertrauen. Selbst wenn ihr euch nur die Hände wascht, kann das Wasser eine Unterstützung für euer inneres Gleichgewicht werden, und diese Unterstützung ist umso wirksamer, als sie lebendig ist, erfüllt mit dem Leben Gottes, so wie dies auch bei der Erde, der Luft und dem Feuer der Fall ist.

Wenn ihr Wasser in ein Glas gießt, denkt daran, dass dieses universelle Element anwesend ist, welches man überall in der Natur in äußerster Formenvielfalt wiederfindet: in den Ozeanen, den Meeren, den Seen, den Flüssen, den Bächen, die von den Bergen herabfließen, in den kleinen Quellen, die unbemerkt inmitten von Gräsern und Kieseln hervorsprudeln, im Regen, der die Erde durchtränkt, und auch in Schnee und Eis... Ihr fragt: »Wie bitte? Kann man all das in einem Glas Wasser erkennen?« Ja, warum nicht?...

Und wie oft am Tag holt ihr Wasser aus dem Wasserhahn! Natürlich ist das vielleicht nicht gerade ein besonders poetischer Rahmen, um mit dem Wasser Kontakt aufzunehmen, aber auch hier könnt ihr euch ins Bewusstsein rufen, welches Symbol es darstellt: Leben, Reinheit... und mithilfe eures Denkens sucht ihr alle Gewässer der Erde auf.

3
Wie man niemals seine Zeit verschwendet

1 – Arbeit und Ruhe

Bevor ihr irgendeine Aktivität ausführt, sammelt euch einen Augenblick. Bittet die geistigen Wesen, euch dabei zu helfen, die beste Arbeitsmethode zu finden, aber vor allem Gefallen an der Anstrengung zu bewahren. Nur auf diese Weise wird man niemals seine Zeit vergeuden. Sonst schwindet die Aufmerksamkeit, man langweilt sich oder trödelt. Dabei arbeitet man weder richtig noch ruht man sich aus. Man ist also müde, ohne viel getan zu haben.

Je mehr Anstrengungen man macht, desto besser fühlt man sich. Um spüren zu können, wie köstlich das Ausruhen sein kann, muss man intensiv gearbeitet haben. Aber sich auszuruhen, das bedeutet nicht nur, mit der Arbeit aufzuhören, um irgendwelchem Zeitvertreib nachzugehen. Das Ausruhen ist an sich schon eine Aktivität, die bestimmte Kenntnisse erfordert. Ein Teil dieser Kenntnisse betrifft die Atmung. Indem wir atmen, laden wir uns wieder auf, denn auch die Luft ist eine Nahrung. Atmen bedeutet, täglich tausende von Mahlzeiten einzunehmen. Aber man atmet oft auf ungeordnete, oberflächliche Weise, ohne der Luft die Zeit zu geben, die Lungen zu füllen. Doch um alle in der Luft enthaltenen Nährstoffe aufzunehmen, muss man langsam, tief und bewusst atmen. Indem ihr euch auf den Atem, auf diese Bewegung des Ein- und Ausfließens konzentriert, werdet ihr fühlen können, dass ihr mit dem Atmen der Erde, des Himmels, der gesamten Natur eins werdet, und darin werdet ihr die wahre Ruhe kosten können.

2 – Sich mit neuen Energien aufladen

Um immer so lange wie möglich aktiv bleiben zu können, ohne müde zu werden, denkt von Zeit zu Zeit daran, die innere Bewegung, die euch davonträgt, anzuhalten. Wie viele Gelegenheiten gibt es dafür im Laufe eines Tages!

Wie sind die Reaktionen der Autofahrer in einem Stau? Der eine ist genervt, er hupt und flucht über die anderen Fahrer; der andere liest seine Zeitung oder hört Radio; ein Dritter plaudert mit seinem Beifahrer über Belanglosigkeiten. Aber wer kommt auf die Idee, diesen Augenblick des Stillstandes inmitten einer Menschenmenge zur Verinnerlichung zu nutzen und sich mit der Welt des Lichtes zu verbinden, um seine Liebe an all diese ihn umgebenden Menschen oder sogar noch weiter, in die ganze Welt, auszusenden? Wenn die Menschen nichts Bestimmtes zu tun haben, sitzen die meisten mit leerem Kopf da, oder aber sie käuen Enttäuschungen und Zwistigkeiten wieder. Sie merken nicht, wie sehr dieses Wiederkäuen sie erschöpft und dazu noch für die ganze Menschheit schädlich ist: die gesamte psychische Atmosphäre der Erde wird auf diese Weise von chaotischen und ungesunden Wellen durchzogen.

Ihr müsst warten, etwa beim Arzt, an einem Schalter, auf einem Bahnsteig? Oder jemand hat sich mit euch verabredet und verspätet sich? Anstatt ungeduldig zu werden oder euren Gedanken freien Lauf zu lassen, versucht lieber sie zu bändigen und sie in nützliche Bahnen zu lenken. Schafft Stille in euch, ruft das Licht, konzentriert euch auf eine Farbe, sprecht eine Formel. Dann werdet ihr eure Aktivitäten mit neuer Kraft, neuem Schwung und klareren Vorstellungen fortsetzen. Auf diese Weise werdet ihr nie eure Zeit vergeuden

4
Die Aufmerksamkeit in jedem Augenblick

1 – Sich seiner inneren Zustände bewusst werden.

Irgendwann im Verlauf des Tages kann es sein, dass euch plötzlich ein Gefühl von Unruhe, ein Gefühl von Leere, von Einsamkeit überkommt. Ihr müsst wissen, dass es sich dabei um eine Art Eindringling handelt, der versucht, sich in euch einzuschleichen; oder aber, es ist euer Bewusstsein, das sich auf seiner Reise in eine feindselige Region verirrt hat, denn auch dies kann jedem passieren. Wenn ihr derartiges empfindet, bleibt nicht passiv, sondern reagiert, denn diese Empfindung ist wie eine offene Tür für etwas Schlimmeres. Um zu verstehen, was euch dorthin gebracht hat, versucht euch zu erinnern, was ihr da gerade gesehen und gehört hattet, oder was ihr selbst getan, gesagt oder gedacht habt.

Oft wird man sich einer Veränderung seines inneren Zustandes nicht sofort bewusst; man bemerkt erst nach geraumer Weile eine Unruhe, eine Schwere, eine Düsternis, wovon man sich gestört fühlt, und so hat das Übel viel Zeit gehabt, sich einzunisten. Ihr solltet in jedem Augenblick des Tages fähig sein, die Strömungen, Wünsche, Gedanken, die euch durchqueren, sowie die von euch empfangenen guten oder schlechten Einflüsse wahrzunehmen. Solange ihr diese Art der Aufmerksamkeit nicht ausreichend entwickelt habt, seid ihr immer wieder Überraschungen ausgesetzt.

Jedes Unbehagen hat notwendigerweise eine Ursache. Versucht, sie zu entdecken, um daraus eine Lehre für die Zukunft zu ziehen. Falls ihr sie nicht findet, bleibt dennoch nicht tatenlos. Wozu dienen alle Fortschritte der Psychologie, wenn es dem Menschen nicht gelingt, die unterschiedlichen Zustände, die er durchläuft, zu analysieren, sie zu verstehen und zu beheben? Manchmal genügen dann ganz einfache Gegenmittel.

2 – Sich fortbewegen

Manche Menschen gehen aus dem Haus und sagen, sie würden »eine kleine Runde drehen«, wenn sie sich nervös fühlen oder kurz davor sind, die Geduld zu verlieren. Etwas warnt sie, dass die Situation explosiv werden könnte, wenn sie sich jetzt nicht fortbewegen. Dabei bedeutet Sich-Fortbewegen nicht unbedingt, dass man das Haus verlässt. Man kann sich auf sehr unterschiedliche Weise fortbewegen! Manchmal genügt es, ein wenig Wasser zu trinken oder etwas Obst zu essen, um seinen inneren Zustand zu verändern.

Aber wenn es euch möglich ist, geht hinaus, macht ein paar Schritte und sagt beim Gehen: »Wenn ich diesen Baum dort vorne erreicht habe (oder diese Mauer, oder einen anderen Orientierungspunkt), werde ich befreit sein«, und schreitet mit dieser Überzeugung voran. Beim Erreichen des festgelegten Punktes werdet ihr eine Aufhellung, eine Erleichterung spüren. Wenn die Besserung noch unzureichend ist, sucht euch einen neuen, weiter entfernt gelegenen Zielpunkt und bekräftigt mit Nachdruck, dass dort euer Unwohlsein vollständig verschwinden wird. Fahrt damit fort, bis ihr vollständig befreit seid. Während des Gehens könnt ihr auch magische Wörter in Lichtbuchstaben in den Raum schreiben: Friede, Weisheit, Liebe, Schönheit... diese ganz einfachen Methoden werden euch helfen, aber natürlich nur, wenn ihr noch über genug Klarheit und Selbstbeherrschung verfügt, um entsprechend rasch zu reagieren und sie anzuwenden.

Wie die negativen Zustände auch sein mögen, das Wichtigste ist, niemals untätig zu bleiben. Lasst niemals zu, dass sich Unruhe oder Verwirrung in euch breitmachen. Reagiert beim kleinsten Alarmzeichen, denn nichts ist schlimmer als Passivität.

3 – Die Beherrschung der Gesten

Wie viele Bewegungen und Gesten macht man im Laufe eines Tages! Auf der ätherischen Ebene ist jede von ihnen vergleichbar mit einem Leitungsrohr, in dem Energieströme zirkulieren. Und entsprechend eures psychischen Zustandes empfangt oder übertragt ihr dabei wohltuende oder schädliche Strömungen. Niemand kann auf jede seiner Bewegungen achten; aber haltet wenigstens von Zeit zu Zeit inne, versucht in einen anderen Rhythmus zu kommen, um eure Art und Weise einen Gegenstand zu berühren oder umzustellen, eine Tür zu öffnen oder zu schließen, besser kontrollieren zu können. Alles mit dem Ziel, Harmonie in euch entstehen zu lassen und sie um euch herum zu verbreiten.

4 – Den Solarplexus befreien

Ob es sich nun um Freude, Liebe, Begeisterung, Angst, Hass, Eifersucht usw. handelt, man spürt diese Gefühle weder mit dem Gehirn noch mit dem Herzen, sondern mit dem Solarplexus.

Um euch besser verständlich zu machen, was der Solarplexus ist, sage ich, dass man ihn mit einem Gefäß vergleichen kann, das den lebendigen Magnetismus ansammelt und bewahrt. Analysiert euch: Wenn ihr beunruhigt, verwirrt oder gereizt seid, spürt ihr im Solarplexus eine Art Verkrampfung, als würden euch Energien verlassen oder sich zerstreuen. Um etwas dagegen zu tun, kann euch wieder das Wasser helfen, indem ihr seinem Fließen zuschaut oder zuhört. Sei es eine Quelle, ein Bach oder ein Wasserfall, fließendes Wasser wirkt auf den Solarplexus, denn es ist das Bild der beständigen Erneuerung des Lebens. Natürlich werdet ihr im Normalfall in der Stadt keine Quellen und Wasserfälle antreffen, aber öffnet doch einfach einen Wasserhahn. Lasst das Wasser einen Augenblick lang über eure Hände fließen. Wesentlich ist, mit fließendem Wasser in Kontakt zu treten.

Wascht euch auch bewusst die Hände, indem ihr euch auf ein Wort wie zum Beispiel Licht, Harmonie, Schönheit oder Liebe konzentriert. Streicht anschließend mit euren Händen über euren Kopf und eure Ohren, und wascht sie dann erneut. Wiederholt dies mehrmals, wenn nötig. Ihr werdet euch erleichtert fühlen, weil alles Belastende über die Fingerspitzen entweicht. Da eine Hand nicht nur auf ihren materiellen Teil begrenzt ist, sondern sich bis in die feinstofflichen Ebenen fortsetzt, kann sie nicht nur Kraftströme empfangen, sondern diese auch aussenden. Hebt also in einem ungestörten Moment euren rechten Arm und verlängert ihn in Gedanken so weit wie möglich, in dem Bewusstsein, dass die Finger einer Hand Antennen gleichen, die Energien aufnehmen. Legt anschließend eure Hand auf den Solarplexus und ihr werdet fühlen, wie er sich mit wohltuenden Schwingungen füllt. Diese Übung wird jedoch nur wirksam sein, wenn ihr zuvor gelernt habt, eure Hand lebendig zu machen. Und eine Hand wird lebendig, indem man sie uneigennützigen Handlungen weiht, wenn man lernt, die Wesen und Dinge bewusst zu berühren, um Reinheit, Liebe und Licht auf sie zu übertragen.

Falls ihr nicht die Möglichkeit habt, Wasser zu berühren oder auch zu sehen, schließt die Augen und lasst eure Vorstellungskraft arbeiten. Taucht in einen Fluss oder See ein, stellt euch tausende von Wassertropfen vor, die an euch herabfließen... Ihr schwimmt, lasst euch von den Wellen tragen oder in der Strömung mittreiben, verliert euch in der Unendlichkeit... Bald werdet ihr eine Transparenz, eine Leichtigkeit spüren, als würde euer Solarplexus von reinigenden und belebenden Fluten durchströmt.

Diese Übungen, diese Methoden sollen euch dahin führen, das Wasser in euch zu entdecken. Denn, wie ich schon sagte, ist das materielle Wasser nur ein Aspekt des wahren Wassers. Dieses wahre Wasser muss in uns gesucht werden; wir müssen die lebendigen Wasser finden, die in den Tiefen unseres Seins strömen.

5 – Hilfe durch innere Bilder

Im Laufe des Tages kann es auch vorkommen, dass ihr euch plötzlich von beunruhigenden Bildern verfolgt fühlt. Lasst euch nicht von ihnen überwältigen, aber kämpft auch nicht gegen sie an, um sie zu entfernen. Denkt vielmehr daran, sie durch Bilder zu ersetzen, die euch Freude, Mut und Hoffnung zurückgeben.

Um die Wichtigkeit von Bildern zu verstehen, muss man sich zuerst klar machen, dass sie eine bestimmte Form von Leben haben, sie besitzen also Macht. Einige ziehen den Blitz an, während andere Segnungen herbeirufen. Übt euch in bedrückenden Momenten darin, innere Bilder zu formen, die euch aus der Dunkelheit und Schwere herausführen. Ihr selbst müsst diese Bilder finden, und indem ihr sie immer lebendiger werden lasst, wirken sie auf euer Bewusstsein, sie ziehen entsprechende Elemente aus dem Raum an, die in euch einfließen. Am Anfang sind die Wirkungen dieser Übung nicht von langer Dauer und ihr müsst sie oft wiederholen. Aber eines Tages wird das Ergebnis endgültig sichtbar sein, und daran besteht für euch kein Zweifel. Denn ihr werdet über euch eine wohlwollende Wesenheit spüren, die euch beschützt, belehrt, euch reinigt und euch die Unterstützung bringt, die ihr benötigt.

Und wenn ihr wirklich Schwierigkeiten habt, euch allein durch die Gedanken von einem Bild zu befreien, das euch verfolgt, dann erinnert euch daran, dass es zahlreiche Kunstbücher gibt, in denen großartige Gemälde abgebildet sind. Ihr Betrachten wird dazu beitragen, euren Zustand zu verändern. Hängt auch bei euch zu Hause, an einem ausgewählten Ort, einige dieser Reproduktionen auf und konzentriert euch ab und zu auf sie. In den Tempeln und Kirchen haben die Heiligenbilder keine andere Funktion, als dem Gläubigen zu helfen, in seinem Inneren einen Zustand der Empfänglichkeit für göttliche Energien herzustellen. Hat er sie dann einmal aufgenommen, kann er diese Energien selbst ausstrahlen. Sobald er fähig ist, anderen weiterzugeben, was er empfangen hat, wird er zu einer Quelle, und diese Quelle wird weiterfließen und wegspülen, was in seinem Inneren dunkel und schwer war.

6 – Wie man zu Gegenständen eine freundschaftliche Beziehung aufbaut

Ihr lebt schon immer in Häusern, ohne im Geringsten zu ahnen, dass die Wände, Möbel und Gegenstände von euren Worten, Gedanken und Gefühlen durchdrungen sind. Und wie oft werden diese Worte, Gedanken, Gefühle inspiriert von Entmutigung, Ungeduld oder Zorn! Ihr geht ein und aus und hinterlasst auf den euch umgebenden Gegenständen Schwingungen, die nicht immer gute Leiter des göttlichen Lichtes sind. Diese Gegenstände werden dann so etwas wie Magnete: Sie ziehen die negativen Ströme an, die im Universum kreisen. Die Gegenstände sind da, weil sie euch nützen oder weil ihr sie liebt, und ihr steht täglich in Verbindung mit ihnen. Denkt daher daran, sie dem Guten, dem Licht zu weihen. Und wenn sie einmal geweiht sind, benützt sie mit Achtsamkeit, denn eure Art und Weise, sie zu behandeln, wird sich auf euch selbst widerspiegeln.

Selbst wenn euch dieser Gedanke nicht vertraut ist, werdet ihr schnell spüren, dass ihr die alltäglichen Gegenstände durch eure Betrachtungsweise in ein magisches Agens verwandeln könnt: Die in ihnen strömende wohltuende Energie wird sich auch auf euch übertragen. Sie werden für euch Talismane, Freunde, die günstig auf eure inneren Zustände und sogar auf eure Gesundheit einwirken.

Warum nicht ab sofort mit dieser Arbeit bei euch zu Hause, in eurem Zimmer, beginnen? Säubert diesen Raum, indem ihr Worte der Weisheit und der Liebe aussprecht. Berührt die Gegenstände mit Behutsamkeit, segnet sie, weiht sie mit dem Wunsch, dass Licht und Reinheit in sie eindringen mögen. Lernt, zu ihnen zu sprechen, lächelt ihnen zu, damit sie für euch vibrieren, sprechen und singen. Ob es sich dabei um eine Lampe, eine Statue, ein Bild, eine Vase oder sogar um einen Stuhl handelt, sorgt dafür, dass sie von der Liebe durchdrungen werden, die ihr auf ihnen hinterlegt. Dann werden auch sie anfangen, euch zu lieben, euch zu beschützen und zu inspirieren, und sie werden auch die Personen inspirieren, mit denen ihr zusammenlebt oder die euch besuchen kommen.

7 – Das Licht

a – die am meisten gefürchtete Waffe

Die Ängste und Zweifel, von denen ihr manchmal befallen werdet, sind oft Manifestationen finsterer Wesenheiten, die euch schaden wollen. Ruft also das Licht, projiziert Lichtstrahlen um euch herum. Ihr wisst, welch gefürchtete Waffe das Licht auf der materiellen Ebene sein kann. Auf der psychischen Ebene gilt das Gleiche: Nichts jagt den finsteren Wesenheiten mehr Angst ein als das Licht. Sobald es sich naht, werden sie neutralisiert, gelähmt oder verjagt.

b – die inneren Lampen entzünden

Denkt auch daran, die Lampen, die der Schöpfer in euch hineingelegt hat, zu entzünden; es sind alle möglichen Arten von Lampen, kleine, große, bunte und so fort. Ihr fragt euch, wie ihr sie einschalten könnt? Genau so wie ihr die Lampen in eurem Haus einschaltet. Ihr habt zuhause eine Elektroinstallation, die mit einem Kraftwerk verbunden ist, und wenn ihr Licht machen wollt, drückt ihr auf einen Knopf. Die gleiche Art von Installation besitzt ihr innerlich, aber sie erhält ihren Strom aus dem kosmischen Kraftwerk, von Gott.

Auf der materiellen Ebene gibt es einen Knopf, einen Lichtschalter, den man drücken oder drehen muss; in der psychischen Welt genügt allein der Gedanke, um eure Lampen zu entzünden: Ihr konzentriert euch auf den Herrn, auf das Licht aller Lichter, und denkt dabei, dass ihr in eurem ganzen Wesen Lampen entzündet. Die erste erstrahlt, dann die zweite usw. Hört nicht auf, fahrt fort, dann werden noch weitere erstrahlen, und bald erlebt ihr eine wahre Illumination.

c – unvorhergesehene Situationen

Wenn ihr nachts von einem beunruhigenden Geräusch geweckt werdet, stürzt ihr nicht in der Dunkelheit los, um zu sehen, was vor sich geht, sondern schaltet instinktiv zuerst ein Licht an.

So umsichtig solltet ihr euch auch immer dann verhalten, wenn ihr von einer unerwarteten Situation, einem unerwarteten Ereignis überrascht werdet. Das Unerwartete gleicht der Dunkelheit, und im Schreck sieht man nicht sofort, was zu tun ist. Ihr solltet also auch hier ein Licht einschalten. Ein Licht einschalten bedeutet, nicht blindlings zu handeln, sondern in sich zu gehen und die Wesen der unsichtbaren Welt um Hilfe und Klarsicht zu bitten. Auf diese Weise werdet ihr die beste Möglichkeit finden, das Problem, das sich euch stellt, anzupacken.

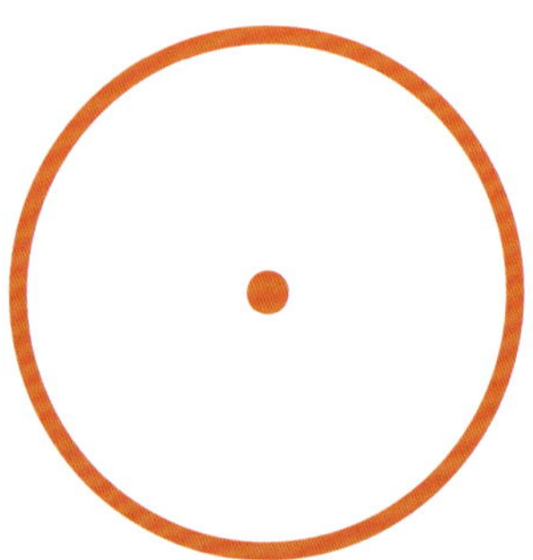

5
Die Ernährung und ihr Einfluss auf unser psychisches Leben

1 – Das Wichtigste ist der innere Zustand beim Essen

Man stellt fest, dass bestimmte Menschen, die einen großen Schock erleben, ihr Gleichgewicht schneller wiederfinden als andere; das liegt daran, dass ihre psychische Materie beweglicher und damit widerstandsfähiger ist. Psychische Widerstandskraft ist eine sehr kostbare Eigenschaft, und man kann sie bereits dadurch erlangen, dass man auf seine Ernährungsgewohnheiten achtet.

Dies bedeutet, dass man damit beginnt, gesunde Nahrung auszuwählen, um von ihren lebendigeren Elementen zu profitieren. Deshalb empfiehlt unsere Lehre den Vegetarismus.

Doch der Vegetarismus und auch die gesündeste Nahrung von bester Qualität werden die Menschen niemals davon abhalten, böswillig, rachsüchtig, aggressiv und bei schlechter Gesundheit zu sein. Die Nahrung selbst ist nur ein Mittel. Das Wichtigste ist nicht, was man isst, sondern in welchem psychischen Zustand man isst. Man kann sich sogar mit der gesündesten Nahrung vergiften. Wenn ihr, während ihr die Nahrung zum Mund führt, durch negative Gedanken und Gefühle aufgewühlt seid, dann werden diese Nahrungsmittel von den Giften durchdrungen, deren Überträger eure Gedanken und Gefühle sind und verbreiten diese Gifte in eurem ganzen Organismus.

Es ist völlig natürlich, dass man durch bestimmte Ereignisse zeitweise aufgewühlt oder gereizt wird, aber dann – selbst wenn gerade Essenszeit ist – solltet ihr mit dem Essen ein wenig warten, bis ihr euren inneren Frieden und eure innere Harmonie wiedergefunden habt. Wenn ihr nicht warten könnt, wenn eure Verpflichtungen verlangen, dass ihr genau in diesem Moment esst, dann bemüht euch wenigstens, euch auf die Nahrung zu konzentrieren und sie dabei mit eurer Dankbarkeit zu durchdringen. Dieses Dankbarkeitsgefühl dringt mit der Nahrung in euren Körper ein und wird eure negativen Zustände umwandeln.

2 – Seine Hände waschen: Wie man die Nahrung berühren sollte

Um die Übertragung bestimmter Krankheiten zu verhindern, ist es ratsam, sich vor jeder Mahlzeit die Hände zu waschen; dies wird schon den ganz kleinen Kindern beigebracht. Und alle Personen, die in der Küche arbeiten, müssen sich ebenfalls die Hände waschen, bevor sie die Nahrungsmittel berühren.

Aber das, was die Hände übertragen können, beschränkt sich nicht auf die materielle Ebene. Die Hände sind wirklich ein magisches Agens, durch das jeder etwas von seinen Gedanken, seinen Gefühlen und seinen Wünschen auf andere überträgt. Alle, die Nahrung zubereiten müssen, sollten wissen, dass die durch ihre Hände gehenden Lebensmittel von ihren psychischen Ausströmungen durchdrungen werden. Diese Ausströmungen werden dann auf all jene übertragen, die diese Lebensmittel essen. Auf diese Weise können sie sich angewöhnen, die Nahrung mit der Überzeugung zu berühren, dass diese nicht nur die körperliche Gesundheit aller Menschen nah und fern, bekannt oder unbekannt, verbessern wird, sondern, dass sie dank dieser Lebensmittel in ihrem Innersten Tiefgreifendes erreichen. Darin liegt eine immense Verantwortung. Es ist wichtig, die Nahrung im besten inneren Zustand zuzubereiten, mit Gedanken an Gesundheit, Frieden und Licht für all jene, für die sie bestimmt ist. Dieses Bestreben nach Reinigung ist eine andere Art und Weise, sich »die Hände zu waschen«.

Und da der Klang die Macht hat, auf die Materie einzuwirken, wirkt er auch auf die Materie der Nahrungsmittel. Während ihr eine Mahlzeit zubereitet, könnt ihr daher beten, singen oder Musik laufen lassen, um im Unsichtbaren eine Harmonie zu erzeugen, die die Nahrung auf wohltuende Weise beeinflusst.

3 – Das Fasten: Es genügt nicht, auf Essen zu verzichten

Eine gute Ernährung setzt voraus, dass man Maß halten kann. Zuviel essen ist schädlich für die Gesundheit, aber auch für die geistigen Übungen; deshalb haben die meisten Religionen Fastenzeiten für die Gläubigen eingerichtet. Das Fasten erfordert eine Willensanstrengung, und es ist von Nutzen, diese Anstrengung leisten zu können.

Aber auf das Essen zu verzichten, ist an sich keine geistige Übung. In Wirklichkeit kann sich das Fasten nur auf diejenigen förderlich auswirken, die verstanden haben, dass sie auch aufhören müssen, ihre psychischen Körper mit Gedanken und Gefühlen zu nähren, die sie in den niederen Bewusstseinsebenen festhalten, weil diese Gefühle, Wünsche und Gedanken eine Nahrung für die dunklen Wesenheiten darstellen. Gerade diese Wesenheiten drängen die Menschen dazu, jene von ihnen benötigten ungesunden psychischen Nahrungsmittel aufzunehmen. Indem man diesem Drängen nachgibt, ist es so, als würde man ihnen die Tür öffnen: Sie treten ein und stiften Unordnung und Unruhe. Um diese Wesenheiten loszuwerden, dürfen sie ihnen nichts mehr zu essen geben; sich also darum bemühen, alle schlechten Gedanken und Gefühle abzuweisen und sie durch großzügige, reine, lichtvolle Gedanken und Gefühle ersetzen. Auf diese Weise werden die dunklen Wesenheiten zum Fasten gezwungen, und da sie sich vom Hungertod bedroht fühlen, verschwinden sie. Auch so ist das Fasten für das spirituelle Leben zu verstehen.

6
Wie jede Begegnung zum Segen wird

Warum sind die meisten Menschen, wenn sie ihr Zuhause verlassen, so in sich selbst versunken? Sie sehen und hören andere Menschen im Vorbeigehen, aber sie sehen sie nicht an, sie ignorieren sie und rempeln sie sogar manchmal an. Sie kommen nicht auf die Idee, dass die Erde von Geschöpfen bevölkert ist, die es wert sind, dass man einen freundschaftlichen Gedanken für sie hegt, dass man ihnen Licht, Frieden und Freude wünscht. Ist es wirklich so schwierig für sie, einen Blick zu verschenken, ein Lächeln, ein freundliches Wort auszusprechen, wenn sich die Gelegenheit dazu bietet? Sie sollten ihr Verhalten ändern, dann würden sie in keinem Augenblick des Tages Einsamkeit verspüren, selbst wenn sie allein sind, denn von überall her kommt das Echo der Grüße und guten Wünsche, die sie hinausgeschickt haben, zu ihnen zurück.

Was beobachtet man im Allgemeinen? Zwei Menschen begegnen sich: »Wie geht es? – Mir geht es gut!« Sie schicken sich einen Gruß aus der Ferne oder geben sich die Hand, und wenn sie sich ziemlich gut kennen, umarmen sie sich, und das alles aus Gewohnheit, automatisch. Dann gehen sie auseinander, denn sie haben es eilig, und schon haben sie vergessen, wie sie sich begrüßt haben. Sie finden nichts Unnormales daran, sich auf schnelle und unbewusste Weise die Hand zu reichen und sich zu umarmen. Und anschließend wundern sie sich, dass die Verbindungen zu ihrer Familie oder ihren Freunden ihnen nicht viel bringen. Wenn ihr jemandem begegnet, müsst ihr ihn vielleicht nicht unbedingt immer umarmen. Macht ihr es aber, oder selbst, wenn ihr es nicht tut, dann seid mit euren Gedanken wenigstens für einige Sekunden wirklich bei dieser Begegnung, und es wird ein gutes Gefühl, ein Duft zurückbleiben, der euch noch lange Zeit begleiten wird.

Sich die Hand reichen, sich umarmen, sich gegenseitig »meine Liebe«, »mein Lieber« oder mit einem anderen, ähnlichen Wort zu bezeichnen, das erfordert, dass man dem besondere Aufmerksamkeit widmet. Sonst ist es unnütz, und nicht nur das, es ist sogar schädlich. Denn diese Art von Unbewusstheit hat negative Auswirkungen auf die Psyche. Äußere Zeichen der Zuneigung nachlässig zu manifestieren, raubt demjenigen etwas, der sie ausführt genauso wie demjenigen, der sie aufnimmt. Dieses »Etwas« ist selbstverständlich feinstofflich und unwägbar; doch alles Wesentliche in Bezug auf unsere Freude, auf unsere persönliche Entfaltung ist immer unwägbar. Ein Blick, ein Moment der Stille, ein Lächeln, in dem die Seele sich ausdrückt, kann sehr viel mehr enthalten als jedes konkretere Vorgehen, jeder Händedruck, jeder Kuss. Ein einfacher Gruß kann zu einer wunderbar bedeutenden und wirksamen Geste werden, mit der ihr die Lebewesen ermutigt, sie tröstet, sie belebt. Nichts ist wichtiger, als zu wissen, wie man Liebe gibt und empfängt.

Und da jede Geste eine magische Dimension beinhaltet, grüßt am Morgen niemanden, wenn ihr ein leeres Gefäß in der Hand haltet, sei es bei euch zuhause oder draußen. Denn ohne es zu wissen und ohne es zu wollen, wünscht ihr ihm schon Leere, Armut und Misslingen für den Rest des Tages. Ihr werdet erwidern: »Hat das denn so eine Bedeutung? In der Welt draußen achtet niemand auf so etwas.« Die Leute sind unbewusst in ihrem Verhalten, doch ist das ein Grund, sie darin zu imitieren? Ich, für meinen Teil hier, ich muss euch die Gesetze des neuen Lebens lehren, und eines dieser Gesetze verlangt von uns, in allen Dingen bewusst zu sein. Wenn ihr also, vor allem am Morgen, zwangsläufig auf eure Familienmitglieder trefft, auf eure Nachbarn, eure Freunde oder selbst auf Unbekannte, dann grüßt sie niemals mit einem leeren Gefäß in Händen. Und wünscht ihnen einen guten Tag, indem ihr eure Worte mit Bedacht sprecht. Sobald ihr lernt, mit den positiven Kräften der Natur zu arbeiten, werden eure Verbindungen zu den anderen immer vertrauensvoller und warmherziger.

Jedes Mal beim Verlassen eures Hauses sagt euch, dass ihr auf alle Menschen, mit denen ihr zusammenkommt oder die auch nur euren Weg kreuzen, günstig einwirken könnt. Es scheint euch, dass euer innerer Zustand keinerlei Einfluss auf eure Umgebung haben kann, doch täuscht euch nicht. Seid ihr euch dessen bewusst, dass ihr durch eure Gedanken und Gefühle den Menschen etwas Gutes bringen könnt, dann werden sie im Vorbeigehen zumindest einen Strahl eures Herzens und eurer Seele aufnehmen. Und wenn ihr bestimmte Menschen aufsuchen müsst, haltet einen Moment inne, bevor ihr an die Tür klopft und denkt daran, ihnen Lichtgeschenke mitzubringen. Im Augenblick des Eintretens sollte euer erster Gedanke sein: »Möge in dieser Wohnstätte Harmonie herrschen!« Sobald deren Bewohner euch sehen, werden sie etwas Besonderes spüren und euch mit Freude empfangen.

Achtet auch gut darauf, in welchem Geisteszustand ihr euren Eltern und euren Freunden einen Besuch abstattet. Selbst wenn ihr höflichkeitshalber ihnen Blumen oder ein Geschenk bringt, wie oft kamen euch unangenehme Erfahrungen mit ihnen in den Sinn, und unterwegs stellt ihr euch vor, wie ihr mit ihnen abrechnen wollt. Wie soll aus eurem Besuch dann etwas Gutes herauskommen? Selbst wenn ihr gute Gründe habt, ihnen etwas vorzuwerfen, versucht – wenigstens für den Augenblick –, um euretwillen ebenso wie um ihretwillen, das, was ihr ihnen ankreidet, beiseite zu lassen. Nur auf diese Weise könnt ihr eure Beziehungen verbessern. Und wenn ihr ihnen ein Geschenk und sonst etwas mitbringen müsst, überreicht es ihnen nicht mechanisch. Legt eure Aufmerksamkeit und euer Bewusstsein in diese Geste. Selbst wenn es sich um einen unbedeutenden Gegenstand handelt, denkt daran, noch etwas anderes hinzugeben als nur diesen Gegenstand.

Und versucht mich zu verstehen, wenn ich euch sage, dass ich bei jeder Begegnung mit einem Mann oder einer Frau die Gottheit suche, die in jedem von ihnen wohnt, diesen tief in ihnen verborgen liegenden Funken, der auf den Moment wartet, in dem sie ihm endlich die Möglichkeit der Manifestation schenken. Da Gott den Menschen nach Seinem Bilde geschaffen hat, beweisen wir dem Schöpfer nicht nur unseren Glauben und unsere Liebe, sondern beleben auch Seine Gegenwart in uns, wenn wir danach trachten, in jedem Menschen, dem wir begegnen, die Gottheit zu sehen.

Wozu ist es gut, sich ständig bei den Schwächen und Fehlern der Leute aufzuhalten? Sieht man etwa, dass sie dadurch zu besseren Menschen werden? Nein, also, versucht auch ihr, euch auf das göttliche, unsterbliche, ewige Prinzip in allen Menschen zu konzentrieren und für dieses göttliche Prinzip ein heiliges Gefühl zu hegen. Wenn ihr wisst, wie ihr mit eurer Seele und eurem Geist mit der Seele und dem Geist der anderen in Beziehung treten könnt, wenn das Beste in euch auf das Beste in den anderen trifft, dann werdet ihr nicht nur für die anderen eine Hilfe sein, sondern gleichzeitig auch an euch selbst eine wunderbare Arbeit vollbringen.

Wie anders geartet wären die Beziehungen zwischen den Menschen, wenn sie bei ihren Begegnungen daran denken würden, dass der Mann oder die Frau, die da vor ihnen steht, einen Funken in sich trägt, der aus dem göttlichen Feuer hervorgesprüht ist! Selbst in einem Verbrecher muss man diesen Funken suchen und versuchen, ihn wieder zu beleben. Das ist nicht immer möglich, man sollte es jedoch zumindest versuchen.

Und wenn es geschieht, dass ihr Bekanntschaft mit einem Menschen macht, zu dem ihr euch sofort hingezogen fühlt, solltet ihr auch da wachsam sein. Ohne dass ihr es wisst, wird dieser Mensch für euch zu einer Art Gefäß, angefüllt mit einer kostbaren Essenz, er inspiriert euch, er öffnet euch neue Horizonte und enthüllt euch die Schönheiten der Erde und des Himmels. Dankt der Vorsehung, dass ihr ihm begegnet seid, erfreut euch an seiner Anwesenheit, und wenn ihr diese Freude über lange Zeit ausdehnen wollt, dann versucht, euch ihm nicht sofort körperlich zu nähern, bewahrt einen gewissen Abstand.

Lernt, jede eurer schönen Begegnungen als Gnade zu schätzen. Gewinnt Klarheit bei diesem Menschen, belebt euch, stärkt euch. Auf diese Weise werdet ihr nie dieser glücklichen Begegnungen beraubt, die euer Leben bereichern werden.

7
In der Natur

1 – Sich mit der Sprache der Natur vertraut machen und mit ihr sprechen

Die meisten Menschen neigen zu dem Glauben, dass alle Naturphänomene zwangsläufig auftreten. Es stimmt, dass das Universum Gesetzen gehorcht, die von den so genannten Naturwissenschaften erforscht werden; aber dies ist kein Grund, die Naturphänomene als zwangsläufig zu bezeichnen. Wer so denkt, verhindert, dass das Leben in seine Seele, seinen Verstand, sein Herz und sogar in seinen physischen Körper eindringt. Um wirklich lebendig zu werden, müssen sie begreifen, dass die Natur als solche nicht nur lebendig, sondern auch intelligent ist und dass sie daher mit ihr und ihren Bewohnern in Kommunikation treten können. Und dies nicht nur mit den Bewohnern, die wir sehen, sondern auch mit denjenigen, die wir nicht sehen. Die Natur ist eine Welt, die mit ätherischen Geschöpfen bevölkert ist, die schon lange vor dem Erscheinen des Menschen auf der Erde existierten. Überall gibt es Geschöpfe: im Wasser, in der Luft, in der Erde, im Feuer, in den Felsen, den Bäumen, der Sonne, den Sternen – überall! Sie grüßen uns und geben uns Zeichen. Selbst wenn wir sie nicht sehen, können wir ihre Anwesenheit spüren.

Bereitet euch vor, mit eurer Aufmerksamkeit, eurem Verständnis und eurer Liebe in diese riesige Welt einzutreten. Ihr bewohnt diese Welt bereits, ihr bewegt euch darin, aber ihr müsst noch bewusst den Schleier ablegen, der euch daran hindert, mit ihr zu kommunizieren, denn sie ist sowohl außerhalb von euch als auch in euch. Es genügt nicht, die Natur passiv zu betrachten und ihre Schönheit zu bewundern. Mithilfe eurer Gedanken könnt ihr eine intensive Arbeit ausführen, damit sie sich euch öffnet. Wenn ihr denkt, ist es bereits, als würdet ihr sprechen und diese innere Sprache, die sich durch Schwingungen, Formen und Farben ausdrückt, ist real, mächtig und magisch. Wenn ihr innerlich mit eurem Herzen, eurer Seele sprecht, versteht die Natur eure Sprache.

Wenn ihr euch einem Fluss, einem See oder einem Berg nähert, haltet einen Augenblick inne. Schickt ihnen einen Gruß mit der Hand. Die Steine, Pflanzen, Flüsse, Berge und Gestirne kennen unsere menschlichen Sprachen nicht, aber das ist unwichtig. Alle mit Überzeugung und Liebe ausgesprochenen Worte, in welcher Sprache auch immer, erzeugen Wellen, die auf den Ätherleib all dieser Existenzen einwirken, und sie reagieren, sie antworten, als hätten sie verstanden. Versucht es, dann werdet ihr nach und nach spüren, wie etwas in euch ins Gleichgewicht und in Harmonie kommt und euch viele dunkle und belastende Dinge verlassen, ganz einfach, weil ihr beschlossen habt, die lebendige Natur und die sie bewohnenden Wesen zu grüßen.

Selbst die Steine sind lebendig. Nehmt einen Stein in eure Hand und hört ihm zu. Bald werdet ihr spüren, dass er euch die lange Geschichte der Erde erzählt, alle Ereignisse, denen er beiwohnte und die in ihm aufgezeichnet wurden. Denn alles wird aufgezeichnet. Und auch ihr könnt bewirken, dass der Stein euch zuhört, indem ihr mit Liebe zu ihm sprecht. Die Liebe ist die universale Sprache, die von der gesamten Schöpfung verstanden wird. Wenn ihr einen Stein mit Liebe berührt, so schwingt er bereits anders und antwortet euch mit Liebe. Wenn ihr gelernt habt, zu den Steinen zu sprechen, könnt ihr ihnen Botschaften anvertrauen. Ihr nehmt einen Stein und durchdringt ihn mit eurer Liebe, während ihr ihn bittet, der Person, der ihr ihn schenkt, Frieden und Freude zu bringen. Ihr werdet sogar spüren, dass er glücklich ist, dass ihm eine solche Mission anvertraut wird.

Alles in der Natur ist lebendig, es hängt allein von euch ab, täglich diese Erfahrung zu machen. An dem Tag, an dem ihr gelernt haben werdet, eine bewusste Beziehung mit der Schöpfung zu unterhalten, werdet ihr euch nie mehr arm oder einsam fühlen, weil euch das göttliche Leben mit seinen Segnungen erfüllt. Alles, was ihr in der feinstofflichen Welt nicht nur durch eure Worte erschafft, sondern auch durch eure Gedanken, Gefühle, Wünsche und Gesten, ist eine Sprache. Es ist sogar die einzig wirkliche Sprache: Sie ist es, die in den Archiven des Universums aufgezeichnet wird und sie wirkt auf alle belebten und unbelebten Geschöpfe. Man soll also immer »sprechen«, immer erschaffen und dabei allein dafür Sorge tragen, dass es für das Gute ist.

2 – Im Wald

Ihr betretet einen Wald. Wisst ihr, was ein Wald ist? All diese Bäume, die euch als feste, kompakte Materie erscheinen, sind in Wirklichkeit eine Konzentration von Licht, denn ihre Stämme, Äste und Blätter ernähren sich vom Sonnenlicht. Wird man nicht von Bewunderung ergriffen bei dem Gedanken, dass die Liebe der Sonne sich dort in Fülle befindet?... Und indem sie die Atmosphäre mit dem Sauerstoff reinigen, den sie ausströmen, sind die Bäume unsere Wohltäter. Deshalb sind alle, die in der Nähe eines Waldes wohnen, wirklich privilegiert.

Und ein Wald ist ein Ort voller Wesenheiten. Alle Bäume sind von einer Vielzahl ätherischer Geschöpfe bewohnt, die kommen und gehen und mit verschiedenen Aufgaben betraut sind. Ihr seht sie nicht, aber sie sehen euch. Sprecht sie an, um ihnen zu zeigen, dass ihr ihre Arbeit schätzt. Die Menschen wären viel glücklicher, wenn sie danach trachten würden, echte Beziehungen mit den Bäumen zu pflegen. Was ist eine Eiche? Was ist eine Tanne? Was ist ein Eukalyptusbaum? Man muss Stunden in ihrer Nähe zugebracht haben, um ihre Seele zu entdecken und mit ihr zu kommunizieren.

Wählt nun einen Baum aus, zu dem ihr euch hingezogen fühlt. Legt eure Hand auf seinen Stamm und sagt zu ihm: »Wie schön du bist! Wie stark du bist! Gib mir ein wenig von deiner Festigkeit und Widerstandsfähigkeit... Ich trage dir auch auf, allen anderen Bäumen des Waldes eine Botschaft zu überbringen. Sag ihnen, dass sie wunderbar sind und dass ich sie liebe. Grüße jeden von mir und übermittle ihnen meinen Kuss«, und dann gebt ihr dem Baum einen Kuss. Die Wesen, die in ihm wohnen, werden sich beeilen, dem gesamten Wald eure Liebe zu übermitteln, und während ihr weitergeht, kommen die Wesen, die sie empfangen haben, aus den Bäumen, um euch zu grüßen und um auf eurem Weg zu tanzen. Wenn ihr dann nach Hause zurückkommt, seid ihr so glücklich, als hättet ihr Freunde getroffen, und ihr spürt, dass ihr etwas vom wahren Leben gekostet habt.

Versucht auch, die Stille des Waldes zu schätzen, die euch dabei hilft, in euch zu gehen und euch zu sammeln. Denkt unterwegs daran, dass dieser Planet Erde, auf den wir unsere Füße setzen, ebenfalls ein lebendiges, intelligentes Wesen ist. Fragt euch, wie die in ihren Tiefen wohnenden Geschöpfe an den Ereignissen teilhaben, die auf ihrer Oberfläche stattfinden... wie sie an den Mineralien und Metallen arbeiten... wie es ihnen gelingt, Edelsteine herzustellen, die in Wirklichkeit bearbeitete, sublimierte Erde sind... Versucht die Geheimnisse dieser Verwandlung zu durchdringen, damit es auch euch eines Tages gelingen möge, die lichtundurchlässige, dunkle Materie in eurem Inneren in lichtdurchlässige, farbige Materie umzuformen.

3 – Sich den wohltuenden Einflüssen öffnen

Wo immer wir uns hinbegeben, alles, was uns umgibt, wirkt auf uns ein. Werdet euch dessen bewusst, und sobald ihr spürt, dass euch etwas günstig beeinflusst, öffnet weit eure inneren Pforten, damit diese Einflüsse tief in euch eindringen. Wenn ihr euch nicht öffnet, wird euch auch das Beste nicht berühren können.

Geht zu einer Quelle und stellt euch vor, ihr Wasser entspringe und fließe in euch selbst... Geht zur Sonne, kontempliert sie und öffnet euch ihr gegenüber, damit sie in euch die spirituelle Sonne erweckt, deren Wärme und deren Licht. Nähert euch den Blumen, fragt sie nach dem Geheimnis ihrer Farben und Düfte und hört ihnen gut zu, damit auch ihr lernt, die feinstofflichsten Quintessenzen aus eurem Herzen und aus eurer Seele zu extrahieren...

4 – Die Geister der vier Elemente

Von der Erde zur Sonne und darüber hinaus ist der gesamte uns umgebende Raum bewohnt. Die vier Elemente Erde, Wasser, Luft und Feuer sind von einer Vielzahl von Geschöpfen bevölkert, die in den Überlieferungen der ganzen Welt erwähnt werden. Natürlich sind sie vielleicht nicht genau so, wie man sie beschrieben hat, aber sie existieren, und in der abendländischen Überlieferung wurden sie in vier Kategorien unterteilt, entsprechend dem Element, zu dem sie gehören: Gnomen (Erde), Undinen (Wasser), Sylphen (Luft), Salamander (Feuer).

Diese Geschöpfe akzeptieren es, sich in den Dienst der Menschen zu stellen. Sie schätzen es sogar, wenn diese ihnen einen Arbeitsauftrag geben, aber sie kümmern sich nie darum, ob das Ziel Segen oder Schaden bringt, weil sie über keinerlei moralisches Bewusstsein verfügen. Es spielt keine Rolle, wer ihnen eine Aufgabe erteilt, die Naturgeister führen sie aus. Sie unterwerfen sich dem menschlichen Willen, dem es gelingt, sie zu beherrschen. Aus diesem Grund werden sie von so vielen Zauberern und Hexern für kriminelle Machenschaften benützt. Man kann es den Geistern nicht vorwerfen, dass sie gehorchen, denn im Gegensatz zu den Menschen sind ihnen die Begriffe Gut und Böse fremd. Es ist Aufgabe der Menschen, darauf zu achten, dass sie nur mit einer konstruktiven Arbeit betraut werden. Diese Arbeit, das ist das Licht und der Friede auf der Welt, das Kommen des Reiches Gottes und seiner Gerechtigkeit.

5 – Beim Anblick der Berggipfel

Auch wenn wir die Berge nur aus der Ferne sehen, spüren wir instinktiv, dass sie die Verbindung zwischen Himmel und Erde herstellen. Ihre Gipfel sind durchdrungen mit dem Fluidum des Himmels, mit Strömen reiner Energien. Von diesen Strömen angezogen, besuchen die Naturgeister oft die Gipfel der Berge; sie baden in diesen Energieflüssen, um sich zu stärken und zu regenerieren, bevor sie wieder fortziehen, um ihre Arbeit in der Welt weiterzuführen.

Die Berggipfel sind also wie Münder, die die kosmischen Kräfte absorbieren und transformieren; und die Wasserläufe, die in diesen Höhen ihren Ursprung haben, sind Kommunikationswege, welche die Gipfel mit den Tälern und Ebenen verbinden. Wenn ihr einen Berg betrachtet, so tut dies mit dem Bewusstsein, dass er ein Transformator der kosmischen Energie ist, denkt daran, dass alles Wasser, das auf seinen Hängen herabströmt, durchtränkt ist von diesem Leben, mit dem es dann später alle Naturreiche laben wird.

6 – Zunehmender und abnehmender Mond

Jeden Monat sieht man den Mond am Himmel zu- und abnehmen. Während der vierzehn Tage, in denen der Mond zunimmt, helfen dem Menschen die physischen und psychischen Energien, die er von der Natur empfängt, sich als bewusstes, aktives und willensstarkes Wesen zu manifestieren. Danach, während der vierzehn Tage des abnehmenden Mondes, haben diese Energien eher die Tendenz, hinunterzusteigen, um seine Wurzeln, das heißt, seinen Magen und seine Geschlechtsorgane zu ernähren. Sein Appetit und seine Sinnlichkeit nehmen zu, während seine mentale Aktivität eher abnimmt.

Um sich in eine neue Unternehmung zu stürzen, ist es besser, die Phase des zunehmenden Mondes zu wählen, weil diese Phase, nach dem im Universum herrschenden Gesetz der Analogie, jene ist, in der der Wachstumsprozess auch in der Natur begünstigt wird. Das Projekt selbst kann zu jeder Zeit entstehen, aber wenn der Entschluss einmal gefasst ist, soll die Verwirklichung bei zunehmendem Mond beginnen, weil man sonst Gefahr läuft, zu scheitern oder großen Hindernissen zu begegnen. Und um eine Unternehmung zu beenden, ist es besser, die Zeit des abnehmenden Mondes zu wählen.

Der Mond ist immer mit der Verwirklichung verbunden, sei es um etwas Neues zu unternehmen oder um etwas zu beenden. Wer auf die Mondphasen achtet, handelt im Einklang mit den Gesetzen der Natur, die seine Arbeit unterstützen. Da diese abwechselnden Phasen existieren, ist es gut, sie zu kennen und sich nach ihnen zu richten.

7 – Unter dem Sternenhimmel

Wenn ihr euch von den Sorgen und Kümmernissen erdrückt fühlt, so geht nachts unter dem Sternenhimmel spazieren. Denkt dabei, dass der Schöpfer dieser vielen Welten sie mit edleren, intelligenteren, schöneren und mächtigeren Geschöpfen bevölkert hat, als es die Menschen sind. Wenn man sieht, wie diese kleinen Mikroben streiten, kämpfen und sich gegenseitig umbringen, wie kann man da noch glauben, dass ausgerechnet auf der Erde – diesem Staubkorn in der Unendlichkeit – die weitest entwickelten Wesen leben sollen? Angesichts des Himmelsgewölbes, welche Größenordnung haben da die Probleme, die in ihren Köpfen solche gigantischen Proportionen annehmen? Denkt daran, dass diese Sterne, die ihr betrachtet, seit Milliarden von Jahren existieren, dass die Intelligenz, die diese Welten erschaffen hat, ewig ist, dass sie euch nach ihrem Bilde erschaffen hat und dass euer Geist ewig ist.

Stellt euch auch vor, dass ihr die Erde mit ihren Kämpfen und Tragödien verlasst, um ein Bewohner des Himmels zu werden. Je weiter ihr aufsteigt, desto leichter und befreiter werdet ihr euch fühlen, und ihr werdet vor allem den Frieden entdecken, einen Frieden, der nach und nach euer ganzes Wesen erfassen wird. Als würde eure Seele sehr feine Antennen entfalten, werdet ihr in Verbindung treten mit Wesen, die die entferntesten Regionen bewohnen. Sie werden euch empfangen, und ihr werdet niemals vergessen, was ihr mit ihnen erlebt und bei ihnen gelernt habt.

8
Der Einfluss der Töne: Musik hören und singen

Mithilfe unserer Sinnesorgane kommunizieren wir mit der äußeren Welt und können auf sie einwirken. Umgekehrt sind diese Organe wie Tore, durch die die äußere Welt bis zu unserer Seele vordringen kann; deshalb ist es so wichtig, darüber zu wachen, was auf diese Weise in uns einströmt.

Nehmen wir nur als Beispiel die Musik. Ganz wenige Menschen haben den Einfluss der Töne auf das innerste Leben der Menschen ernsthaft erforscht. Und ich spreche hier nicht einmal vom Lärm, der täglich das psychische Gleichgewicht der Menschen bedroht. Wie viele setzen ihre Ohren freiwillig jeder beliebigen Musik aus, ohne sich um die Auswirkungen zu kümmern, welche diese auf sie hat. Und heute, wo man überall Musik spielen lässt, hört man so unglaubliche Kakophonien! Seid also wachsam. Wenn ihr gerne Musik hört, so wählt eine aus, die es euch ermöglicht, die Elemente eures inneren Wesens in Übereinstimmung zu bringen und zu einen. Und bewahrt, während ihr sie hört, in eurem Kopf, in eurem Herzen und in eurer Seele ein Licht, ein schönes Bild, einen erhabenen Gedanken.

Fühlt ihr euch traurig und bedrückt, dann singt! Wenn man singt, setzt sich physiologisch betrachtet von der Kehle bis zum Zwerchfell etwas Mächtiges in Bewegung, und die Stimme ertönt. Durch den Gesang können wir viel Missbehagen überwinden, denn die Schwingungen unserer Stimme zerstören die finsteren Wesenheiten, die versuchen, sich an uns zu klammern. Gesang ist der Ausdruck des Lebens, und das Leben selbst ist nichts anderes als Gesang. Was gibt es Notwendigeres, Belebenderes, als wenn es uns gelingt, uns von der belastenden Atmosphäre, die uns umgibt, frei zu machen, um in Regionen zu gelangen, in denen alles harmonisch, lichtvoll und leicht ist?

Mit den Liedern des Meisters Peter Deunov verfügt die Bruderschaft über ein sehr reichhaltiges Repertoire, das ihr nicht vernachlässigen solltet. Wenn ihr fühlt, dass ihr nicht mehr genau wisst, wo ihr steht, singt: »Misli, pravo misli: Denke, denke richtig«, und schon werdet ihr den Weg klarer sehen. Wenn ihr den Eindruck habt, niemand liebe euch, so singt: »Bog e Lioubov: Gott ist Liebe«. Was könnt ihr mehr erwarten, da Gott euch niemals verlassen wird…? Wenn ihr ein wenig müde oder krank seid, singt: »Sila zdrave e bogatstvo: Kraft und Gesundheit sind Reichtümer«, neue Ströme werden in euch kreisen und ihr werdet euch wieder erheben. Wenn ihr findet, das Leben sei düster, dass ihr keine Freude mehr darin findet, dann singt: »Krassiv e jivota: das Leben ist schön«. Und wenn ihr glücklich seid, so singt: »Blagoslavjai douche moia, Gospoda: meine Seele preise den Herrn«.

Singt, wenn ihr glücklich seid, aber singt auch, wenn ihr unglücklich seid, weil die anderen euch Leid zufügen und alles schiefgeht. Indem wir singen, erschaffen wir eine Welt der Formen und Farben. Und da wir selbst unser Instrument sind, erschaffen wir diese Formen und Farben nicht nur außerhalb von uns, sondern auch in uns. Wer singt und sich dabei der kraftvollen Wirkung der Stimme bewusst ist, ist niemals allein. Die ganze Natur singt mit ihm.

Und falls es euch die Umstände nicht erlauben, laut zu singen, so singt in eurem Kopf, um weiterhin Harmonie in euren Gedanken, Gefühlen und Handlungen zu erzeugen. Ihr könnt von morgens bis abends singen, ja, sogar während des Schlafes!

9
Im Leid: Ein Teil von uns kann immer davon unangetastet bleiben

Es ist ganz natürlich, dass ihr schwierige Situationen im Leben durchstehen und leiden müsst. Um diese Prüfungen zu überwinden, mildert ihr zuerst ihre Schwere, indem ihr euch sagt, dass nur ein Teil von euch davon berührt wird; euer Geist bleibt für sie unerreichbar. Euer Geist schaut von den erhabenen Regionen, in denen er sich befindet, zu euch herab und berät euch. Manchmal sagt er sogar: »Leidest du? Nun, anstatt dich zu beklagen oder aufzulehnen, nimm dieses Leid an und freue dich sogar darüber, denn wenn du intelligent bist, wirst du dank ihm noch an Klarheit und Verständnis gewinnen und dich stärken.«

Wer unglücklich ist, neigt dazu, sich mit seinem Unglück zu identifizieren, er lässt sich von ihm überwältigen. Und hierin liegt die größte Gefahr, weil dieser innere Zustand sich in negativer Weise auf alle Aspekte seines täglichen Lebens auswirkt. Er sollte, im Gegenteil, sofort auf der Hut sein und denken: »Gerade jetzt ist eine Arbeit zu tun. Ich leide, aber das, was leidet, ist nur ein Teil von mir.« Er kann seinen in der Unendlichkeit und Ewigkeit lebenden Geist herbeirufen, jenes andere Wesen, das er auch ist, das sein wahres Selbst ist. Vom Grund des Sumpfes aus, in dem er zu versinken glaubt, wird er dann fühlen, wie plötzlich Licht und Kraft hervorkommen.

Betrachtet das Meer: Mögen die Wellen, die seine Oberfläche bewegen, noch so hoch sein, ein wenig tiefer ist alles ruhig. Aber danach zu trachten, sich nicht mehr erschüttern zu lassen, bedeutet nicht, dass man es anstrebt, unsensibel zu werden. Ihr könnt euch zermalmt und vernichtet fühlen, solltet dabei jedoch noch immer das Bewusstsein aufrechterhalten, dass dieses Leid einen Sinn hat, und ihr es eines Tages für etwas Gutes verwenden könnt.

Die Weisen sagen uns, dass wir nur eine Welt der Erscheinungen durchqueren, denn das Leben ist ein Traum, aus dem wir eines

Tages schließlich erwachen werden. Ihr solltet versuchen, an dieser Vorstellung zu arbeiten. Wenn ihr euch inmitten einer schwierigen Phase befindet, sagt ihr zu euch selbst: »Ich bin krank..., ich fühle mich verfolgt..., ja, aber das ist eine Illusion, ein böser Traum, und wenn ich daraus erwache, wird keine Spur mehr davon übrig sein.« Oder: »Diese Herausforderungen gehen mich nichts an. Ich weiß nicht, wen sie berühren – vielleicht jemanden, der so aussieht wie ich, aber der ich nicht bin. Ich stehe außerhalb von all dem, ich bin unsterblicher Geist, ich bin unverwundbar und kann diese Ereignisse als einfacher Beobachter betrachten.«

Habt Vertrauen, mit der Zeit wird alles, was ihr erlebt, sogar die schwierigsten Phasen, zu einer Quelle der Bereicherung und Freude. Denn nichts geschieht grundlos, alles hat einen Sinn, aber es ist eure Aufgabe, ihn zu finden. In dem Augenblick, in dem ihr ein Leid erlebt, lasst nicht zu, dass es eure Gedanken fesselt, fixiert euch nicht darauf. Projiziert sie in die Zukunft, indem ihr euch sagt, dass ihr das, was euch jetzt so viel Schmerz zufügt, bald vergessen haben werdet, oder, falls ihr es nicht vergessen könnt, doch in einem anderen Licht sehen werdet. Wenn man weiß, wie sehr sich unsere inneren Zustände mit der Zeit verändern können, erträgt man so viel mehr!

10
Das Leben unter Menschen

1 – Blickwinkel für die Betrachtung des Menschen

Jeder von euch neigt natürlicherweise dazu, auf bestimmte Personen zuzugehen oder ihnen aus dem Weg zu gehen. Das ist eine Frage des Temperaments, und es wäre zwecklos, würde man von euch verlangen, euch anders zu verhalten, weil ihr es nicht könnt. Es steht jedoch in eurer Macht, euch über eure gewöhnliche Bewusstseinsebene zu erheben und euch in die Regionen der Seele und des Geistes zu begeben, damit ihr von ihren Strömen und Düften durchdrungen werdet, also von den Strömen und Düften der göttlichen Liebe. Sobald euch diese Liebe beseelt, lasst ihr euch nicht mehr von persönlicher Anziehung und Abstoßung leiten, sondern betrachtet die Menschen auf andere Weise. Ganz unabhängig davon, welche Gefühle ihr für sie empfindet, lasst ihr sie an dem Licht teilhaben, das ihr dort oben, sehr hoch oben, empfangen habt.

2 – Alle menschlichen Situationen verstehen

Eine der wichtigsten Fragen, welche ihr jeden Tag zu lösen habt, sind die Beziehungen zu den Menschen, denen ihr begegnet. Bemüht euch daher, solche psychischen und moralischen Eigenschaften zu entwickeln, die euch dabei helfen, mit den anderen besser zusammenzuleben. Hier geht es nicht nur um eure Familie, eure Freunde, Nachbarn, Arbeitskollegen usw. Um euch schon früh an alle menschlichen Situationen zu gewöhnen, gilt es auch mit allen anderen Personen in Beziehung zu treten, die sich von euch durch ihr Alter, ihre Bildung, ihr soziales Umfeld, ihre Nationalität, ihre ethnische Herkunft und ihre Religion unterscheiden. Denn wenn ihr unvorbereitet seid, werdet ihr euch verschließen, euch verständnislos, intolerant und manchmal auch ungewollt boshaft zeigen, falls ihr eines Tages mit ihnen zurechtkommen müsst. Glaubt nicht, dass dies ohne Folgen für euch bleibt. Man entwickelt sich nur dann auf harmonische Weise, wenn man fähig ist, sein Bewusstsein zu erweitern, indem man sich in die Situation der anderen hineinversetzt.

3 – Geduld entwickeln

Ich sage nicht, dass es einfach ist, unter den Menschen zu leben. Viele können uns in Komplikationen verwickeln und uns schaden! Aber es nützt nichts, sich aufzuregen und mit ihnen in Konflikt zu geraten. In jedem Fall ist es besser, sich zunächst geduldig und beherrscht zu verhalten. Wenn ihr beim geringsten Widerstand oder der geringsten Unannehmlichkeit schlechte Laune zeigt, könnt ihr zum einen das Problem nicht lösen und zum anderen werdet ihr euch nur schwächen. Anstatt also sofort auf verletzende oder schockierende Worte und Verhaltensweisen zu reagieren und euch danach in ausweglosen Komplikationen wiederzufinden, rührt euch besser nicht und sprecht nicht. Denn wenn ihr euch euren instinktiven Reaktionen überlasst, gelingt es euch nur noch mit Mühe, die ausgelöste Bewegung aufzuhalten, und ihr riskiert, mehr Schaden anzurichten, als euch selbst angetan wurde.

Wut ist der Ausbruch einer rohen Kraft, die als solche nicht unbedingt schlecht ist, aber unter der Bedingung, dass man sie beherrscht, um sie dann zu kanalisieren. Und wie beherrscht man sie? Indem man zuerst ein paar tiefe Atemzüge macht. Auf diese Weise setzt ihr die Kräfte des Friedens, der Harmonie und des Lichts in Bewegung, die euch dabei helfen werden, das beste Verhalten zu finden. Mit dem Atem zu arbeiten, ist eines der besten Mittel, um instinktive Emotionen und Reaktionen zu kontrollieren. Deshalb könnt ihr auch am Morgen bei den Atemübungen innerlich das Wort »Geduld« wiederholen und euch dabei von dessen Bedeutung, Schwingung und Aura durchdringen lassen. Während ihr das Wort aussprecht, fügt ihm ein Bild hinzu, das seine Kraft verstärkt, damit sich diese Eigenschaft schließlich tief in eurer Psyche einprägt.

Um Geduld zu entwickeln, gibt es auch einige praktische Übungen. Wascht euch zum Beispiel die Hände, und berührt anschließend eure Ohren, indem ihr die Ohrläppchen sanft nach unten zieht. Oder massiert euch ab und zu den Solarplexus gegen den Uhrzeigersinn. Oder macht zuerst einen tiefen Atemzug und führt dann einige Bewegungen des Kopfes, der Arme und der Beine aus. Macht diese Bewegungen langsam, und achtet darauf, einen guten Rhythmus beizubehalten.

4 – Sich von Zwangsvorstellungen befreien

Beobachtet einmal, was in euch vorgeht, wenn euch jemand auf die eine oder andere Weise verärgert hat. Neigt ihr dann nicht dazu, eure Gedanken auf ihn zu fixieren und gedanklich mit ihm abzurechnen? Ihr macht ihm unablässig Vorwürfe, ihr überlegt, wie ihr auf das, was er gesagt oder getan hat, reagieren werdet. Und so tragt ihr überall, vom Morgen bis zum Abend und sogar während der Nacht, sein Bild innerlich mit euch herum. Um euch davon zu befreien, konzentriert euch auf das Bild eines Menschen, den ihr liebt, den ihr wegen seiner Schönheit, seiner Charakterstärke oder seiner edlen Gesinnung bewundert. Nach und nach wird dieses Bild in euch eine magische Arbeit verrichten, indem es das zwanghaft auftretende negative Bild der Person ersetzt, und euch den Frieden wiederfinden lässt.

5 – Nachsicht, eine Qualität des Herzens, aber vor allem des Verstandes

Wie viele Leute halten sich für intelligenter als die anderen, weil sie einen kritischen Geist entwickelt haben! Und sie machen von ihm ohne jegliche Nachsicht Gebrauch. In Wirklichkeit wird die Nachsicht, obwohl sie eine Eigenschaft des Herzens ist, stark vom Verstand beeinflusst. Ein intelligenter Mensch beobachtet die Wesen aufmerksam, er versucht, ihre innere Natur zu verstehen, er betrachtet die Einflüsse ihrer Lebensbedingungen auf ihr Verhalten, er ist sich der Schwierigkeiten, vor denen sie stehen, bewusst; er denkt also nach, bevor er sich ihnen gegenüber kritisch äußert. Er ist klar, weil die Klarheit eine Eigenschaft des Intellekts ist, aber er ist auch verständnisvoll. Jemand, der zwar bestimmte Herzenseigenschaften besitzt, aber dessen Verstand zu wenig entwickelt ist, besitzt keine umfassende Sicht der Dinge und wird schnell griesgrämig, intolerant und hartherzig. Mangelnde Nachsicht weist deutlich auf einen Mangel an Intelligenz hin, weil es dabei an Urteilsvermögen und Verständnis fehlt.

6 – Die Wahl der Worte

Alle Geschöpfe verfügen über eine Sprache, aber nur der Mensch besitzt die Fähigkeit, Worte zu formen. Damit diese Worte ihre Funktion erfüllen und wirklich sinnvoll werden, muss er beschließen, sich nicht mehr zu Flüchen, Beschimpfungen und nicht einmal mehr zu leerem Gerede hinreißen zu lassen. Was sagt man nicht alles im Laufe eines Tages! Man verspottet, verurteilt, einfach so, auf leichtsinnige Weise und denkt, das sei nicht schlimm und ganz einfach wieder richtig zu stellen, selbst wenn man sich getäuscht hat oder zu weit gegangen ist, scheint einem dies belanglos und leicht zu reparieren. Nein, man kennt den Reiseweg eines Wortes nicht, die Regionen, die es durchquert und die Schäden, die es anrichten kann, wenn es gewalttätig oder verlogen ist. Man kann glauben, es sei den Menschen gegenüber wieder repariert, aber vor den kosmischen Gesetzen ist nichts repariert, man ist schuldig.

Ihr ermesst noch nicht, bis wohin die Macht des Wortes reicht. Ein Wort wirkt auf die psychischen und physischen Organismen von Menschen, an die es direkt gerichtet ist oder sogar die, die es nur erwähnt. Und es wirkt auch auf die psychischen und physischen Organismen jener, die es aussprechen und jener, die es hören. Deshalb ist das Wissen, wie man in seinen Worten gerecht, maßvoll und präzise ist, eine bedeutende Fähigkeit.

7 – Die Stimme ist ein Spiegel unserer Innenwelt

Es gibt Tage, an denen ihr fühlt, dass eure Stimme warm, voll, ausdrucksstark und lebendig ist, während sie sich an anderen Tagen flach, erloschen, rau oder sogar kreischend anhört. Der Klang eurer Stimme ist deshalb solchen Veränderungen unterworfen, weil er von den Gedanken und Gefühlen abhängt, die ihr in eurem Kopf und in eurem Herzen nährt. Deshalb solltet ihr euch bemühen, lichtvolle Bewusstseinszustände in euch zu erwecken, die auf eure Stimmbänder einwirken. Mit dem Erreichen höherer Bewusstseinsregionen geht einher, dass die Töne, die aus eurem Kehlkopf ertönen, etwas Harmonisches, Lebendiges haben und wohltuend auf andere Geschöpfe einwirken.

Die menschliche Stimme hat noch nicht all ihren Reichtum und all ihre Macht offenbart. Und diese Frage betrifft nicht nur die Sänger, weil die gesprochenen und die gesungenen Worte gleich viel Einfluss auf ihre Zuhörer ausüben. Die Stimme ist ein Ausdruck dessen, was wir sind – wie viele Leute erkennt man allein an ihrer Stimme! Da sie unser wichtigstes Kommunikationsmittel ist, sollten wir darauf achten, unsere Stimme durch unsere Lebensweise zu einem Werkzeug des Lichts und des Friedens werden zu lassen.

8 – Jeder Mensch ist eine Zelle des großen kosmischen Körpers

In einem gesunden menschlichen Körper gleichen die Zellen aller Organe Wesenheiten, die sich bewusst sind, zu einem einzigen Menschen zu gehören, der sie alle umfasst und miteinander vereint. Das Gleiche gilt für jeden Menschen dem Schöpfer gegenüber. Der Schöpfer ist das einzige wirklich existierende Wesen, und die Menschen sind die Zellen seines Körpers, der Natur. Wenn sie sich gegenseitig bekämpfen und zerstören, arbeiten sie deshalb gegen den Schöpfer. Selbst wenn sie unterschiedlich geschaffen sind, dürfen diese Unterschiede kein Grund sein, einander zu bekämpfen. Niemand hat das Recht, sich auf Gott zu berufen und damit seinen Hass auf eine Rasse, ein Volk, eine Religion oder sein Bestreben, eine soziale Klasse zu unterdrücken, zu rechtfertigen. Alle Lebewesen sind aus Gott hervorgegangen, und wer sich die Philosophie der Getrenntheit im Namen so genannter »höherer Interessen« zu eigen macht, richtet sich in Wirklichkeit gegen die Interessen der Schöpfung, und damit gegen seine eigenen Interessen.

Die wahren Interessen der Menschen überschneiden sich mit jenen der Gottheit. Allein die Übereinstimmung von menschlichen und göttlichen Interessen bewirkt Segen für alle. Deshalb ist Rassismus eine der schlimmsten Theorien, die je von kriminellen Individuen erfunden wurde. Jeder Mensch stellt, ungeachtet seiner ethnischen Herkunft, eine Zelle des großen kosmischen Wesens dar. Aber wie macht man das all diesen »Zellen« klar, die auf einer so viel tieferen Bewusstseinsebene stehengeblieben sind, dass sie sich einander fremd fühlen und sogar feindlich gesonnen sind? Wenn jede Zelle des großen Körpers Gottes einmal fähig sein wird, sich bis zum Verständnis dieser Einheit zu erheben, zu der sie gehört, wird sie keinen anderen Wunsch mehr haben, als mit allen anderen Zellen in Harmonie zu gelangen. Eine Zelle, die dies verweigert und die anderen willentlich ausschließt, schließt sich selbst von der Ganzheit aus.

11
Der Übergang vom Wachzustand zum Schlaf

Sammelt euch jeden Abend vor dem Einschlafen einen Augenblick lang und lasst alles beiseite, was euch im Laufe des Tages beschäftigt oder beunruhigt hat. Werft aber trotzdem auch einen Blick auf die Art und Weise, wie ihr den Tag verbracht habt, um daraus etwas zu lernen. Legt dann gute Gedanken in euren Kopf, dank derer ihr am nächsten Morgen in guter Verfassung erwacht und fähig seid, Freude und Hoffnung in euch aufrechtzuerhalten. Sie werden während der Nacht wirken.

Schlaft niemals mit schlechten Gedanken ein, denn sie werden während eures Schlafes weiterarbeiten. Dies umso mehr, als das Bewusstsein im Schlaf nachlässt; man ist also noch mehr ausgesetzt und verletzlich. Ihr fragt euch, wem oder was ihr da ausgesetzt seid? Vergesst nie, dass es in der unsichtbaren Welt finstere Wesenheiten gibt. Diese Wesenheiten brauchen Material und Energien für ihre bösartigen Aktivitäten und finden diese bei den Menschen, vor allem während sie schlafen. Das ist leicht zu verstehen, denn während des Tages sind sie mit allen möglichen Dingen beschäftigt und nutzen daher ihre Energien selbst; aber nachts, während sie schlafen, stehen diese Energien zur Verfügung.

Um die finsteren Wesenheiten daran zu hindern, sich eurer Energien zu bemächtigen, während ihr schlaft, könnt ihr neben eurem Bett ein Gebet, einen von euch geschriebenen Gedanken, ein heiliges Bild, das Portrait eines Heiligen oder Eingeweihten, aufstellen. Durch seine Übermittlung stellt ihr euch unter die Autorität und den Schutz der Lichtgeister. Diese Geister werden euch nicht nur beschützen, sondern euch auch unterrichten. Versucht daher so gut wie möglich, euer Schlafzimmer in Ordnung zu halten. Die Engelwesen, die euch während der Nacht besuchen, schätzen es nicht, herumliegende Kleider und Gegenstände zu sehen; sie sind Gäste, Freunde, die ihr gut empfangen solltet.

Und wenn ihr euch im Moment des Einschlafens von einem Unwohlsein oder von einer Angst erfasst fühlt, so steht auf, schaltet das Licht wieder ein, führt einige Atemübungen aus, sprecht ein Gebet oder nehmt ein Buch und lest eine Seite daraus, die eurer Seele Frieden und Licht bringen kann. Danach legt euch wieder hin. Wenn das Unwohlsein nach einer Weile wiederkehrt, steht wieder auf und beginnt aufs Neue. Es gibt Fälle, wo die Position des Körpers extrem wichtig ist und man kann im Liegen nicht wirksam gegen die Angst ankämpfen. Zieht euch etwas über, wenn ihr eine Erkältung befürchtet, aber bleibt nicht liegen. In der Horizontalen ist man passiv. Um die Situation zu beherrschen und Widerstand zu leisten, ist eine aufrechte Körperhaltung besser.

Das Bild eines Berges kann euch beim Einschlafen helfen. Denkt an seine Wälder, seine Seen, seine Gipfel, aber auch an seine tiefen Höhlen und ihre Bewohner, um mit ihnen immer ein freundschaftliches Verhältnis zu pflegen. Die Berge sind nicht nur Anhäufungen von Erde und Felsen, sondern sie sind Auffangbecken riesiger Schätze. Es gibt dort Gold, Silber, Kristalle und Edelsteine, über die mächtige Wesenheiten wachen und an ihnen arbeiten. Versteht aber, dass ihr euch mit der symbolischen Seite der Berge verbinden sollt, um all diese Reichtümer in euch selbst zu entdecken.

12
Die Zukunft vorbereiten

Eure Zukunft hängt von dem Leben ab, das ihr heute führt, von der Richtung, die ihr euren Gedanken und Gefühlen gebt und von den Aktivitäten, bei denen ihr eure Energien ausgebt. Je nachdem, ob ihr wach und aufmerksam seid, oder nicht, entrümpelt ihr den Boden für den kommenden Morgen oder stellt ihn im Gegenteil zu mit allen möglichen unnützen oder gar schädlichen Dingen, die eure rechte Entwicklung behindern werden.

Der ganze gestrige Tag hat den heutigen vorbereitet und der heutige bereitet den morgigen vor. Haltet also im Lauf eines Tages ab und zu inne, um euch zu beobachten. Sagt euch: »Schauen wir mal, wie verwende ich meine Energien jetzt gerade? In welche Richtung lenke ich sie?« Beweist dabei etwas Unterscheidungsvermögen und Sinn für Ökonomie. Auf diese Weise könnt ihr jeden neuen Tag in den besten Bedingungen anpacken.

Teil III

Meditieren, ein langer Lernweg

1
Zuerst in seinem Inneren Ordnung schaffen

Immer mehr Philosophen, Psychologen und Therapeuten sind überzeugt, dass die Verbreitung spiritueller Ansätze aus Indien, Tibet, Japan usw. Gleichgewicht und psychische Entfaltung der Menschen im Abendland nur fördern kann. Sie betonen daher insbesondere bestimmte Praktiken wie Meditation und Yoga und weisen auf entsprechende Übungen hin. Aber es genügt nicht, auf Übungen hinzuweisen, man muss die Menschen auch aufklären, ihnen die Wohlbegründetheit dieser Übungen und die zu erfüllenden Voraussetzungen darlegen, damit sie sich günstig auswirken. Denn wenn sie sich in diese Praktiken hineinstürzen, ohne eine klare Vorstellung von bestimmten Gegebenheiten der psychischen Welt zu haben, besteht das Risiko, dass sie ihrer schnell überdrüssig werden, damit aufhören oder sich sogar in Gefahr bringen. Der Schöpfer hat dem Menschen Intelligenz verliehen, damit er etwas lernt und Unterscheidungsvermögen entwickelt.

Wer sich entscheidet, Meditation zu praktizieren, muss damit beginnen, Ordnung in seinem Inneren zu schaffen, denn diese Entscheidung wird nicht ohne Folgen bleiben; er betritt nämlich eine Welt, die von ebenso strengen Gesetzen regiert wird, wie denen der physischen Welt. Seine Entscheidung, zu meditieren, muss also von weiteren Entscheidungen begleitet werden, speziell von der, Ordnung in sich selbst zu schaffen, sonst sollte er auf diese Übung lieber verzichten.

Was macht derjenige, der sich auf das Meditieren vorbereitet? Er beginnt damit, die Augen zu schließen, und diese Geste bleibt nicht ohne Folgen. Indem er die Augen schließt, isoliert er sich von der äußeren Welt, um in sein Inneres einzutreten. Das gleicht der Vorbereitung auf eine Reise. Doch was geschieht, wenn er zum Zeitpunkt des Aufbruchs keine Ahnung davon hat, welche Regionen er durchqueren wird? Denn es gibt Entsprechungen zwischen der inneren und der äußeren Welt. In der Natur gibt es märchenhafte Landschaften, Gärten voller Blumen und singender Vögel, aber es gibt auch undurchdringliche Wälder, in denen wilde Tiere und giftige Schlangen leben. Genauso sieht es in jedem von uns aus, und wer nicht zuvor daran gearbeitet hat, seine höhere Natur zu entwickeln, begibt sich in den Dschungel seiner niederen Natur, wo er gebissen und gefressen wird.

Man darf sich nichts vormachen, die Meditation ist eine schwierige Übung. Ich sehe Leute, die sich seit Jahren einbilden, sie würden meditieren, dabei lassen sie nur ihre Gedanken umherschweifen; und andere, die psychische Störungen riskieren, weil sie nie gelernt haben, ihre innere Welt zu beherrschen. Sie führen weiterhin ein prosaisches Leben, ohne Ideal, und wenn sie versuchen, sich zu konzentrieren, fangen sie an, in den niederen Regionen des Bewusstseins herumzuirren. Dort wühlen sie im Vorbeigehen alle möglichen dunklen Schichten auf, die mit den Menschen oft feindlich gesonnenen Wesenheiten bevölkert sind, und was sie dann erleben, bezeichnet man als Delirium oder wirre Einbildung, aber nicht als Meditation.

So kommt es zu dramatischen Fällen. In der Meditation, in der man sich Auge in Auge selbst gegenübersteht, werden viele Menschen von der Natur der Eindrücke und der sie durchziehenden Ströme unvorbereitet erfasst! Das geht so weit, dass sich manche einbilden, diese Ströme seien ihnen von anderen Leuten geschickt worden, die ihnen schaden wollen; sie sprechen dann sogar von schwarzer Magie. Nein, man darf die Störungen, die man da wahrnimmt, niemals einer äußeren Ursache zuschreiben. Diese Personen haben durch das Leben, das sie führen, diese chaotischen Zustände erzeugt, vervielfältigt und verstärkt. Im normalen Leben merken sie dies nicht. Aber sobald sie meditieren wollen, stürzen sich unerwünschte Wesenheiten in die Leere, die durch die plötzliche Stille entsteht, die sie im Inneren herstellen wollen. Ohne es zu wissen, haben sie diese Wesen angezogen.

Man muss immer damit beginnen, in sich selbst die Ursache für seine Schwierigkeiten zu suchen und daran arbeiten, in seiner inneren Welt Ordnung herzustellen. Die Meditation kann nur für denjenigen wohltuend sein, der verstanden hat, dass er sich zuerst von allem befreien muss, was ihn in den niederen Regionen seines Bewusstseins zurückhält. Ferner muss er sich auch unwiderstehlich von der spirituellen Welt angezogen fühlen und bereit sein, Opfer zu bringen, um sein Bedürfnis nach Schönheit, Wahrheit und Freiheit zu stillen. Dank seiner Liebe zu so einer lichtvollen und reichen Wirklichkeit befreit und erhebt sich sein Denken auf ganz natürliche Weise, beginnt mit seiner Arbeit.

2
Vertraut sein mit der Arbeitsweise der Psyche

Um Meditation zu praktizieren, ist es notwendig, mit der Arbeitsweise der Psyche richtig vertraut zu sein. Und somit gilt es, zuerst die Frage der Zeit zu klären. Setzt euch niemals unter Zeitdruck. Wenn ihr euch während des Meditierens sagt, dass ihr schnell fertig werden müsst, weil andere Aktivitäten und Pflichten auf euch warten, wird es euch nicht gelingen, euch zu konzentrieren, in eurem Unbewussten wird etwas blockiert.

Ihr werdet einwenden, dass das Leben so gemacht ist. Ihr habt eine Arbeit, eine Familie und alle möglichen Sorgen... Ich weiß, aber gewöhnt euch an, dies für eine halbe oder ganze Stunde beiseite zu lassen. Nichts anderes darf zählen, außer dieser Augenblick, in dem ihr mit der Welt des Lichts, des Friedens und der Schönheit in Kontakt treten könnt. Auf diese Weise werdet ihr die Lösung für viele eurer inneren Schwierigkeiten finden und ebenso für viele Situationen, die ihr bis dahin für unlösbar hieltet. Sobald ihr beschlossen habt, eine Arbeit mit den Gedanken auszuführen, solltet ihr wenigstens für einen Moment alles andere vergessen. Es wird euch danach noch genügend Zeit bleiben, eure Bürde wieder aufzunehmen. Bemüht euch, bei dem zu bleiben, was ihr gerade tut, denn alles hat seine Zeit. Sonst hat man für überhaupt nichts mehr Zeit, weil man mit dem Kopf niemals bei der Sache ist.

Ein anderer wichtiger Punkt ist, zu wissen, dass der psychische Organismus mit ebenso viel oder mit noch mehr Achtsamkeit behandelt werden muss, wie der physische Körper. Die Meditation erzeugt im Gehirn Ströme von großer Intensität, und man muss es rücksichtsvoll behandeln, damit es diese erträgt. Deshalb solltet ihr euch vor dem Meditieren entspannen und sozusagen passiv bleiben. Achtet dabei auf eure Hände, denn sie verraten – mehr als jeder andere Teil des Körpers – euren inneren Zustand. Es kann vorkommen, dass ihr glaubt, entspannt zu sein, während eure Hände noch verkrampft sind. Dann lenkt eure Aufmerksamkeit auf sie; wenn es euch gelingt, sie zu entspannen, werdet ihr spüren, wie ein Wohlgefühl bis in euren Solarplexus strömt.

Sich zu entspannen braucht eine gewisse Übung, aber mit der Zeit werden einige wenige Sekunden dafür genügen, als wären die Zellen des Körpers nun bereit, sich unterzuordnen. Sie werden euch gehorchen, weil ihr euch innerlich erhoben habt und damit an Autorität gewinnt. Da die Zellen die hierarchische Ordnung anerkennen, spüren sie, dass ihr hier der Herr seid.

Achtet auch auf eure Atmung, die regelmäßig sein sollte. Denkt an nichts, fühlt nur, dass ihr atmet, seid euch nur der Empfindung des Atmens bewusst, um einem harmonischen Rhythmus in eurem ganzen Wesen Raum zu geben.

Wenn diese Bedingungen erfüllt sind, könnt ihr mit der Meditation beginnen. Aber seid vorsichtig, vor allem am Anfang. Stürzt euch nicht Hals über Kopf in ein Meditationsthema, selbst wenn ihr es liebt, selbst wenn es euch am Herzen liegt, weil sonst eine heftige Reaktion auftreten könnte. Beginnt sanft und ruhig. Taucht ein in den Ozean der kosmischen Harmonie, um darin Kraft zu schöpfen. In dem Moment, wo ihr merkt, dass euer Gehirn bereit ist, lenkt eure Gedanken schließlich auf das gewählte Thema, begebt euch in eine Arbeit, an der euer ganzes Wesen teilnimmt, denn das gesamte Volk eurer Zellen muss für diese spirituelle Arbeit mobilisiert werden. Sobald ihr aber eine Spannung im Gehirn wahrnehmt, solltet ihr abbrechen.

Fangt damit an, euch auf gut zugängliche Themen zu konzentrieren, auf Themen, mit denen ihr euch in Affinität fühlt, aber natürlich unter der Bedingung, dass sie spiritueller Natur sind. Dadurch findet ihr eine Arbeitsmethode. Später werdet ihr euch auf schwierigere Themen konzentrieren können, wie die Unendlichkeit, die Ewigkeit, bis hin zu den undurchdringlichen Geheimnissen Gottes und des kosmischen Lebens, weil ihr innerlich die psychischen Organe entwickelt haben werdet, um bis dorthin zu gelangen.

3
Meditation ist eine Übung, die unser gesamtes Wesen betrifft

Wie soll man die Meditation also verstehen? Man kann sie mit dem Kauen von Nahrungsmitteln vergleichen. Wenn wir Nahrung in den Mund stecken und sie kauen, arbeiten die Speicheldrüsen und wir absorbieren über die Zunge deren feinstofflichste Energien. Die Meditation ist auch eine Art Kauvorgang, ein Kauen der Gedanken, durch das wir die Quintessenzen der spirituellen Welt absorbieren, um uns von ihnen zu ernähren.

Selbst wenn man die Meditation als eine Aktivität des Intellekts betrachten kann, hat auch der Wille daran teil, denn die für die Meditation erforderliche geistige Konzentration ist uns nicht von Natur aus gegeben, sie erfordert Anstrengung. Und weil auch das Herz ein Wort mitzureden hat, ist es so wichtig, das Thema, auf das man sich konzentrieren möchte, sorgfältig zu wählen: sobald man ein Thema oder ein Objekt liebt und Gefallen daran findet, fällt es dem Intellekt viel leichter, bei der Sache zu bleiben. Anschließend wird die Seele von diesen Schwingungen und Emanationen durchdrungen und kontempliert dieses Thema. Und am Schluss identifiziert sich der Geist mit ihm, um eine magische Schöpfungsarbeit zu verwirklichen. Da der Mensch eine Ganzheit ist, hat die Meditation Auswirkungen auf die Gesamtheit seiner Psyche und selbst auf seinen physischen Körper.

4
Die mentale Aktivität als Entwicklungsfaktor

Durch die Meditation lernen wir, uns in Regionen zu projizieren, die sich jenseits unseres gewöhnlichen Bewusstseins befinden, um dort neue, reinere und feinstofflichere Elemente aufzufangen, die wir noch nicht besitzen. Auf diese Weise hören wir auf, die immer gleichen Fehler und irrtümlichen Verhaltensweisen zu wiederholen, die die Ursache unserer Begrenzungen und Leiden sind. Die Tiere entwickeln sich nur deshalb sehr langsam weiter, weil ihnen diese Fähigkeit der Projektion des Denkens, wie die Menschen sie besitzen, fehlt. Die Tiere pflanzen sich seit Millionen von Jahren immer in fast identischer Weise fort und wenn sie sich weiterentwickeln, so vor allem dank ihres Kontakts zum Menschen.

Im Unterschied zu den Tieren, zieht der Mensch Elemente spiritueller Natur an, da er die Fähigkeit hat, sich in höhere Welten zu versetzen. Ab dem Tag, an dem er begriffen hat, wie wichtig es ist, sich in der Beherrschung und Ausrichtung seiner mentalen Energien zu üben, erreicht er eine höhere Bewusstseinsebene, die anschließend sein Urteilsvermögen, seine Neigungen und sein gesamtes Verhalten beeinflusst. Auf diese Weise gelingt es ihm, über sich hinauszuwachsen, sich neu zu erschaffen.

5
Die Meditation zu einer täglichen Übung machen

Die psychische Welt ist derart gestaltet, dass allein die Tatsache, euch auf eine bestimmte Idee, Qualität oder Tugend zu konzentrieren, es euch ermöglicht, sie direkt zu berühren. Als wären die Gedanken magnetisch, führen sie euch genau dorthin, wo ihr hinwollt. Ihr denkt an die Gesundheit, oder an die Liebe, oder an das Licht, und schon seid ihr in der Region, zu der sie gehören.

Ihr fragt: »So einfach ist das?« Ja und nein. Es ist einfach, mithilfe des Denkens diese Regionen zu berühren, die der Gesundheit, der Liebe, dem Licht, der Harmonie, der Schönheit, der Weisheit, der Reinheit usw. entsprechen, weil sie bereits in uns existieren. Aber die Verwirklichung und Konkretisierung dessen, was wir uns wünschen, braucht viel Zeit. Aus diesem Grund muss die Meditation zu einer täglichen Übung werden. Wir können in den Regionen der spirituellen Welt alles finden, was wir brauchen, um uns innerlich zu stärken, vorwärtszukommen und zu wachsen, aber unter der Bedingung, dass wir geduldig, sehr geduldig und beharrlich sind.

6
Die Verkettung unserer inneren Zustände

Wodurch unterscheidet sich die Aktivität der Meditation von vielen anderen geistigen Aktivitäten? Man wird sich dessen vor allem dann bewusst, wenn man Schwierigkeiten hat sich zu konzentrieren. Diese Schwierigkeiten rühren fast immer von der Tatsache her, dass man noch nicht richtig verstanden hat, wie – besonders auf der psychischen Ebene – kein Augenblick getrennt existiert, sondern immer mit dem jeweils vorhergehenden verbunden ist. Deshalb müsst ihr den ganzen Tag darauf achten, was ihr gerade erlebt, damit in dem Moment, in dem ihr in euer Inneres einkehren wollt, um euch zu sammeln, keine dunklen, misstönenden Elemente kommen und euch stören.

Wie oft habe ich euch das schon gesagt. Nehmt an, ihr hättet Streit mit jemandem gehabt, der euch in Rage gebracht hat. Am nächsten Tag, dann, wenn ihr meditiert, wird es euch unmöglich sein, euch frei zu machen, um euch bis zu den Regionen der Stille und des Lichts zu erheben, weil ihr nur damit beschäftigt seid, euren Disput vom Vortag fortzusetzen. Die gleiche Geschichte wird sich einmal aus diesem und einmal aus jenem Grund wiederholen, und ihr werdet es nie schaffen, euch richtig zu konzentrieren. Achtet also auf euch. Da jeder Moment mit den vorhergehenden verbunden ist, erfordert die Arbeit mit den Gedanken, mehr als jede andere Arbeit, eine ständige Wachsamkeit.

Wenn ihr diesen Ratschlag beherzigt, wird euch das Meditieren immer leichter fallen. Ihr werdet sogar ungeduldig auf jene Augenblicke warten, in denen ihr endlich in den Ozean des kosmischen Lebens eintauchen könnt. Ihr sagt euch: »Endlich werden sich mein Herz, mein Verstand, meine Seele und mein Geist im Angesicht der Ewigkeit wiederfinden und das Universum umarmen.«

7
Jede Tätigkeit kann eine spirituelle Dimension annehmen

Wie viele Personen würden es sich wünschen, ein besonderes Geheimnis oder eine magische Formel zu entdecken, die sie mit einem Schlag in die spirituelle Welt versetzen kann! Aber ein solches Geheimnis, eine solche Formel gibt es nicht. Man braucht im spirituellen Leben nur sehr einfach zu praktizierende Methoden, und viel Zeit. So ist das.

Und sagt euch vor allem, dass die Spiritualität sich nicht auf die so genannten »spirituellen« Übungen beschränkt. Für denjenigen, der in jede beliebige Tätigkeit ein Element der Liebe, des Lichts und der Harmonie hineinzubringen weiß, kann diese vergeistigt werden; und umgekehrt kann die Meditation oder jede andere »spirituelle« Tätigkeit äußerst prosaisch und unbedeutend werden, wenn sie nicht in den Dienst eines höheren Ideals gestellt wird. Das, was bei jeder Aktivität zählt, ist ihre Ausrichtung, die Sache, der ihr dienen wollt, während ihr diese oder jene Arbeit verrichtet.

Im Laufe eines Tages habt ihr verschiedene Aufgaben zu erledigen, und viele von ihnen kommen euch sehr gewöhnlich oder gar langweilig vor. In Wirklichkeit können diese unbedeutenden Aufgaben, wenn ihr sie in Gedanken einem erhabenen Ziel weiht, eine große Auswirkung haben, zuerst in euch und anschließend auch in dem Raum um euch herum. Das Wesentliche ist die Absicht, das Ziel.

Teil IV

Den Gedanken ihre schöpferische Macht zurückgeben

Das Denken der Menschen ist Tag und Nacht aktiv und hält niemals an, aber die meisten Menschen wissen nicht, wie sie es benutzen können. Und da sie es nicht zu nutzen wissen, hilft es ihnen zum einen nicht viel weiter, und zum anderen wird es für sie sogar noch zu einem zusätzlichen Mittel, sich zu quälen, sich selbst zu zerstören und den anderen zu schaden. Gott, der den Menschen nach Seinem Bilde erschaffen hat, gab ihm das Denken, damit er wie Er zum Schöpfer werde. Und diese Idee des Schöpferisch-Seins geht viel weiter, als man sich das vorstellt!

In uns und um uns herum existiert eine feinstoffliche, aber unorganisierte Materie, also eine Materie, die noch keine Form erhalten hat. Unser Denken hat die Macht, genau auf diese Materie einzuwirken. Wir müssen sie also als eine Art Modelliermasse verwenden und an ihr arbeiten, um Schöpfer in der Welt der Harmonie und des Lichtes zu werden. Alles, was wir auf der physischen Ebene realisieren, ist zweifellos wichtig. Unendlich viel wichtiger sind aber unsere psychischen Schöpfungen, sie sind lebendige Wesen, und über sie müssen wir eines Tages vor dem Schöpfer Rechenschaft ablegen.

1
Bewohner der Ideenwelt werden

Im Allgemeinen betrachtet man Ideen als Abstraktionen. Doch die Ideen sind keine Abstraktionen, sondern lebendige Wesen. Deshalb ist es so wichtig, Wachsamkeit und Klarheit unter Beweis zu stellen, bevor man eine Idee annimmt. Wir müssen sie gut erforschen, um herauszufinden, in welche Richtung sie uns ziehen wird. Schönheit, Güte, Gerechtigkeit, Weisheit, Liebe, Wahrheit, Freiheit sind göttliche Geschöpfe, die aus der Welt des Geistes herabsteigen, und jedes von ihnen bringt uns etwas, jedes wirkt auf uns ein. Solange wir sie in uns bewahren, solange wir sie nähren, wirken sie gestaltend auf uns ein, bis es uns eines Tages gelingt, diese erhabene Welt widerzuspiegeln, diese Welt der Archetypen, aus der sie kommen.

Widmet täglich eine bestimmte Zeit einer göttlichen Idee, egal in welcher Situation ihr euch befindet. Sie wird aus euch Bewohner jener höheren Welt machen, in der sie lebt. Gerade durch die Ideen stehen wir mit den spirituellen Regionen in Verbindung. Sie sind wie Bienen, die uns die beste Nahrung für unsere Seele und unseren Geist bringen.

2
Die Region der Stille

Man kann die Stille, die wahre Stille, als die höchste Region unserer Seele definieren. Genau diese Stille versuchen wir zunächst in uns herzustellen, wenn wir meditieren. An dem Tag, an dem wir die Region der Stille erreichen, treten wir in das kosmische Licht ein, in jenes Licht, das die Quintessenz des Universums ist, und wir werden eins mit ihm.

1 – Im Raum der Stille

Versucht möglichst, in eurer Wohnung ein Zimmer einzurichten, auch wenn es noch so klein ist, das der Meditation vorbehalten bleibt. Weiht es der Stille und dem Licht. Achtet darauf, dass die Wände schöne Farben haben, platziert dort einige Gegenstände oder Symbole, die euch bei eurer Arbeit inspirieren, und durchtränkt sie mit euren reinsten Emanationen. Lasst niemanden dieses Zimmer betreten, und betretet es selbst nur dann, wenn ihr fähig seid, Stille in euch herzustellen. Von den Wänden und Gegenständen dieses Zimmers wird dadurch etwas Harmonisches ausstrahlen, das die lichtvollen Wesenheiten anziehen wird, denn diese Wesenheiten ernähren sich von Harmonie und werden dadurch zu euren Freunden.

Denkt aber daran, wenn ihr diesen Raum der Stille vorbereitet und pflegt, dass ihr ihn vor allem in euch, in eurer Seele, in eurem Herzen vorbereiten und pflegen sollt. Dann werdet ihr, überall wo ihr hingeht, diesen inneren Raum betreten können, um dort den Frieden, den Beistand und den Trost zu finden, den ihr braucht.

2 – Eine Kerze anzünden

Viele Menschen zünden eine Kerze an, bevor sie meditieren, aber sie ermessen dabei nicht immer die Bedeutung dieser Geste. Eine Kerze anzuzünden bedeutet, eine heilige Handlung auszuführen, durch die wir in Kontakt mit den vier großen Prinzipien der Materie treten: mit der Erde, dem Wasser, der Luft und dem Feuer, die in der Kabbala der ersten Sephira Kether zugeordnet sind.

Die Kerze selbst ist fest und repräsentiert das Element Erde. Man zündet sie an und schon hat man das Feuer. Nach und nach schmilzt das Wachs und dieses wird Flüssigkeit, die für das Wasser steht; es füllt die Vertiefung am Ansatz der Flamme. Die Luft hingegen ist überall in der Umgebung anwesend, denn sie ist für das Feuer unabdingbar. Ohne Luft erlischt das Feuer, und selbst wenn man sie nicht sieht, bemerkt man ihre Anwesenheit in dem sanften Flackern der Flamme. Sobald ihr also die Kerze anzündet, seid euch bewusst, dass ihr euch in Anwesenheit der vier Prinzipien der Materie befindet und euch mit den Engeln verbinden könnt, die über sie regieren. Bittet sie, euch bei eurer Arbeit zu helfen.

Betrachtet nun diese von euch entzündete Flamme. Sie ist so schwach, dass ein leiser Windhauch genügen würde, sie zu löschen. Aber gebt ihr genügend Nahrung und sie kann zu einem großen Feuer werden, und dann wird der gleiche Windhauch, der sie zuerst bedrohte, sie im Gegenteil noch verstärken, so dass sich ihr nichts mehr in den Weg stellen kann. Die Flamme ist ein Symbol des Geistes im Menschen. Wenn es dem Menschen gelingt, den Geist zu ernähren, dann werden ihn die Hindernisse nicht mehr aufhalten können, sondern sie werden ihn darüber hinaus dazu antreiben, immer weiter, immer höher zu gelangen, mit immer mehr innerem Feuereifer.

Mit Hilfe der Flamme einer Kerze könnt ihr euch auch mit allem verbinden, was im Universum Feuer ist. Denn ebenso wie ein Wassertropfen uns mit dem Ozean in Verbindung bringen kann, genügt die Flamme einer Kerze, um uns mit dem kosmischen Feuer zu verbinden. Kontempliert diese Flamme, bis ihr spürt, dass ihr eins mit ihr werdet, dass ihr selbst zu einer Flamme werdet. Denkt auch daran, dass die Sonne Feuer ist, dass Gott Feuer ist, dass alles, was uns umgibt, Feuer ist. Macht es euch zur Gewohnheit, aus der Flamme Stärkung, Freude und Inspiration zu schöpfen.

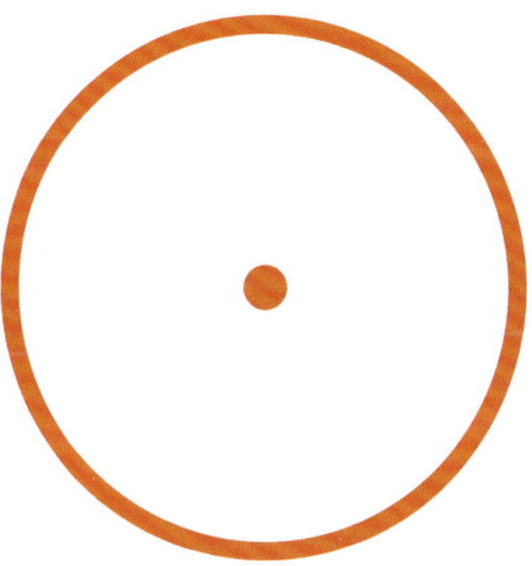

3
Die Macht eines Talismans

Manchmal wünscht ihr euch, ein geistig sehr hochstehender Mensch möge euch doch einen Gegenstand geben, und sei es auch nur ein Kieselstein, den er für einen Augenblick in seiner Hand gehalten hat. Dieser Kieselstein, durchdrungen von seinem Magnetismus, wäre dann eine Art Talisman, der euch in euren Meditationen helfen würde. Das ist richtig, denn jeder Gegenstand, den ihr bekommt, ist von den Emanationen desjenigen durchdrungen, der ihn euch gibt. Aber anschließend hängt alles von euch ab. Je nach eurer Art und Weise, diesen Gegenstand zu betrachten, könnt ihr seine Lebendigkeit aufrechterhalten und sogar verstärken oder aber durch Nachlässigkeit absterben lassen. Alles hängt von eurem Glauben und von eurer Liebe ab.

Ihr selbst könnt, um euch zu helfen, einen Gegenstand zum Talisman machen. Aber, um welchen Gegenstand es sich auch handelt, er wird nur dann richtig wirksam werden, wenn ihr durch eure Gedanken mit der kosmischen Kraft, mit der ihr ihn imprägnieren konntet, in Verbindung bleibt. Jeder äußere Faktor kann nur dann dauerhaft wirken, wenn ihr danach strebt, mit den Gesetzen der geistigen Welt in Übereinstimmung zu leben.

Und wenn ihr eine Perle oder einen Edelstein besitzt, dann denkt daran, dass sie bereits von der Natur dazu vorbereitet wurden, bestimmte Energien aus dem Kosmos aufzufangen, sie auszustrahlen und zu verbreiten. Eure Aufgabe ist es jedoch, diese zu fixieren und auszurichten, damit sie euch bei eurer Arbeit dienen.

4

Die Suche nach dem Gipfel

1 – Damit man die richtige Richtung einschlägt

Um mit allen Situationen zurechtzukommen, denen ihr im Alltag ausgesetzt seid, gewöhnt euch an, jeden Tag in euch zu gehen und euch vorzustellen, dass ihr zu einem Gipfel aufsteigt. Denn immer von dort aus, vom Gipfel aus, gelingt es einem, die zahlreichen Aspekte der Wirklichkeit zu erfassen. Auch wenn ihr einmal gezwungen seid, rasch eine wichtige Entscheidung zu treffen, ist auf diese Weise der Weg schnell geebnet, und ihr wisst, wie ihr richtig handeln sollt.

Weil die Menschen diese Übung vernachlässigen, sieht man so viele in die Irre laufen. Sie meinen, sie würden nachdenken, während sie in Wirklichkeit nur dem Impuls des Augenblicks folgen und sich dann natürlich den Kopf anstoßen. Anschließend schlagen sie zwar eine andere Richtung ein, aber da sie die Bewusstseinsebene nicht gewechselt haben, rennen sie doch wieder mit dem Kopf an die Wand. Nachzudenken bedeutet, immer höher steigen zu wollen, um den besten Überblick über die Dinge zu gewinnen und die richtige Richtung zu wählen.

2 – Hohen Geistern begegnen

Eine reine Atmosphäre und Stille – diese physischen und spirituellen Bedingungen, die auf den Gipfeln der Berge herrschen – sind besonders geeignet für die innere Arbeit. Denn auch in unserem Inneren haben wir Berge zu erklimmen. Manche sagen, sie hätten nicht die Möglichkeit, ins Gebirge zu gehen. Das mag sein, doch nichts kann euch daran hindern, die Berge in euren Gedanken zu besteigen. Auf diese Weise schafft ihr die Bedingungen, um mit den größten Geistern, die auf der Erde gelebt haben, in Kontakt zu treten. Denn es gibt eine Verbindung zwischen den

Gipfeln der Berge und allen Auserwählten, die im Laufe der Jahrhunderte kamen, um den Menschen Licht zu bringen. Indem wir danach streben, die Gipfel in uns zu besteigen, werden wir diesen Wesen begegnen.

3 – Unser wahrer Gipfel: unser höheres Selbst

Die spirituelle Praxis hat hauptsächlich das Ziel, den Menschen aus dem begrenzten Kreis seines niederen Ichs herauszureißen, um ihn in den unbegrenzten Kreis des kosmischen Bewusstseins zu katapultieren. Er weiß nicht, dass er schon seit jeher in sich dieses Bewusstsein trägt, denn die Kenntnis seiner selbst beschränkt sich meistens auf sein niederes Ich mit all seinen Schwächen. Aber dieses niedere Ich ist nicht sein wahres Ich; sein wahres Ich ist sein höheres Selbst, sein göttliches Selbst, das bereits in ihm arbeitet und sich in ihm offenbart, ohne dass er dies weiß.

Um euch in Gedanken bis zu eurem höheren Selbst zu erheben, könnt ihr euch auch auf das Bild des Gipfels konzentrieren. Ein Gipfel stellt immer ein Ziel dar, das es zu erreichen gilt, den höchsten Punkt, auf den ihr eure Blicke richten sollt, um alle eure Energien auf ihn auszurichten. Selbst wenn er immer unerreichbar bleibt, ist das Wesentliche, ihn niemals aus den Augen zu verlieren. Indem ihr euch auf das Bild des Gipfels konzentriert, seid ihr gezwungen, euch immer weiter vorwärts zu bewegen und dabei jedes Mal höhere Stufen zu erreichen. Um euch dabei zu helfen, stellt euch vor, ihr wärt wirklich dabei, einen Berg zu erklimmen. Fragt euch jeden Tag, auf welcher inneren Höhe ihr angekommen seid und wie ihr noch höher steigen könnt.

Das Denken ist wie ein Seil, das ihr hinauf werft, bis zu diesem hochgelegenen Punkt, den ihr erreichen wollt; wenn das Seil einmal befestigt ist, zieht ihr euch daran hoch und steigt auf. Genau wie die Bergsteiger, die ein Seil oben befestigen und dann hinaufklettern. Wie viele Entsprechungen kann man zwischen der physischen und der geistigen Welt entdecken! Wenn ihr fühlt, dass ihr endlich eine Region erreicht habt, die oberhalb der Wolken und des Staubes liegt, das heißt, oberhalb der Astral- und Mentalebene (den niedrigen, egoistischen Gefühlen und Gedanken), dann haltet euch dort oben so lange wie möglich fest. Da es schwierig ist, diese Konzentrationsanspannung länger als ein paar Minuten aufrechtzuerhalten, löst ihr danach die Spannung ein wenig und lasst euch vom Licht tragen, als würdet ihr auf einem stillen Meer treiben. Ihr denkt nicht mehr, ihr fühlt fast nicht mehr, aber eure Seele, die voller Leben ist und mitschwingt, nimmt die feinstofflichen Elemente dieser Lichtregion in sich auf.

Wiederholt diese Übung so oft wie möglich. Wenn ihr danach wieder zu euren alltäglichen Beschäftigungen zurückkehren müsst, werden die geistigen Elemente, die ihr aufgenommen habt, die Harmonie in euch aufrechterhalten; und euer Wunsch zu arbeiten, den anderen zu helfen und in Frieden zu leben, wird zunehmen. Dieses Gefühl täuscht euch nicht.

Selbst wenn das Wort »Gipfel« den höchsten Punkt des menschlichen Bewusstseins, das höhere Selbst symbolisiert, muss man zugeben, dass das, was für den einen der Gipfel ist, für andere nicht der Gipfel sein kann. Für manche wäre es bereits ein Gipfel, ganz bescheiden mit dem Rauchen oder Trinken aufzuhören; für andere bedeutet er, Angst, Egoismus, Faulheit, Ungeduld, Gier oder Zorn zu besiegen.

Das ist eine tägliche Arbeit. Jeder von euch muss sich jeden Tag einen neuen Gipfel vornehmen, den er erreichen möchte, zu einem noch höheren Gipfel streben, sobald er den vorherigen erreicht hat. Aufgrund der Dichte der euch umhüllenden Materie werdet ihr vielleicht nicht sofort große Veränderungen wahrnehmen. Aber nach und nach wird sich durch euer Bemühen ein Weg vor euch öffnen, ihr errichtet eine Brücke in die himmlischen Regionen, und eines Tages wird es genügen, dass ihr euch wenige Minuten konzentriert, um dorthin zu gelangen.

In Wirklichkeit gibt es unendlich viele Gipfel. Jede Region hat ihren eigenen, und man kann sagen, dass der Gipfel für jeden auf der jeweils nächst höheren Ebene des kabbalistischen Lebensbaumes liegt: Jesod ist ein Gipfel für Malkuth; Hod für Jesod; Netzach für Hod... und so weiter bis Kether... und darüber hinaus. Denn es gibt auch Gipfel jenseits von Kether.*

* Siehe Band 236 der Reihe Izvor »Weisheit aus der Kabbala«.

5
Das Licht und die Farben

1 – Das Licht, die Urkraft

Das Licht, jene ungreifbare und scheinbar so schwache, harmlose Substanz, ist in Wirklichkeit die größte Kraft, die es im Universum gibt. Es ist das Licht, das Gott im Anfang als Erstes gerufen hat. Dank ihm drehen sich die Welten im Raum und dank ihm leben Steine, Pflanzen, Tiere und Menschen. Alles Existierende entstand aus diesem Urlicht.

Das Licht ist der Grundgedanke, das Prinzip, das wir ins Zentrum unseres Lebens stellen müssen. Dann werden Kräfte, die wir nicht einmal kennen, die aber doch in uns, in allen Zellen unseres Körpers anwesend sind, erwachen, ihre Kräfte bündeln und wir werden uns in jeder unserer Aktivitäten geführt und unterstützt fühlen. Je mehr wir das Licht empfangen und aufnehmen, desto mehr werden sich unsere Seele und unser Geist als Intelligenz, Liebe und Kraft offenbaren.

2 – Sich von Licht ernähren

Wir essen jeden Tag, das bedeutet, wir sammeln dabei in unserem Magen nicht Vorräte für eine Woche an, sondern nur für den jeweiligen Tag, am folgenden Tag beginnen wir wieder aufs Neue. Was das Licht betrifft, sollten wir genauso vorgehen. Obwohl es extrem feinstofflich ist, ist es doch eine Materie und diese Materie ist Nahrung, die wir jeden Tag aufnehmen und verdauen müssen, damit sie in uns zu Gefühlen, Gedanken und Inspirationen wird.

Während ihr über das Licht meditiert, solltet ihr euch mit nichts anderem befassen und euch auf das Licht konzentrieren, als würde euer Leben davon abhängen. Durchdringt euch mit diesem Licht, bis ihr es in euch als eine vibrierende, pulsierende Existenz wahrnehmt. Ihr werdet entdecken, dass es auch Musik ist, eine Musik, die man Harmonie der Sphären nennt, der Gesang all dessen, was im Universum existiert. Gleichzeitig werdet ihr Duftströme einatmen, die vom Licht ausgehen.

Licht ist die wahre Nahrung der Seele. Mit ihm könnt ihr euer inneres Wesen aufbauen. Denkt jeden Tag an es, stellt euch vor, dass es euch einhüllt, dass es in die kleinste eurer Zellen eindringt, dass es immer lebendiger in euch wird. Ihr werdet euch nicht nur beschützt fühlen, sondern ihr werdet die wohltätigen Mächte des Kosmos anziehen, die an eurer Arbeit teilnehmen und eure Anstrengungen unterstützen. Eines Tages wird das Licht auch von euch ausströmen; es wird sich im Raum ausbreiten und Seele und Herz aller Wesen berühren.

3 – Lichtfäden weben

Denkt täglich daran, das Licht in euch als reine, glänzende, strahlende Essenz willkommen zu heißen. Das einzige wahrhaft wirksame Mittel, das ihr habt, um mit der göttlichen Welt in Verbindung zu treten ist jenes, das ihr in euch selbst zu erschaffen vermögt, indem ihr Lichtfäden zwischen euch und jener Welt webt. Sind diese Fäden einmal gewoben, dann treten Himmel und Erde miteinander in Kontakt und führen in euch einen Austausch, der euch die Fülle bringt.

Wenn ihr gelernt habt, mit dem Licht eins zu werden, dann wird es euch überallhin begleiten. Deshalb solltet ihr euch mehrmals am Tag ein wenig zurückziehen und auf das Licht konzentrieren, sobald ihr einige Minuten Zeit dazu habt. Stellt euch vor, dass das gesamte Universum und alle Geschöpfe, die es bevölkern, im Licht baden. Und wenn ihr einmal jene Art von Müdigkeit und Mutlosigkeit spüren solltet, die euch den Glauben, die Hoffnung und die Liebe wegzunehmen drohen, so denkt daran, diese Arbeit mit dem Licht auszuführen. Sie ist es, die eurem Leben seinen Sinn zurückgeben wird.

4 – Das Licht ein- und ausatmen

Die Atmung ist nicht allein jener Prozess, durch den unsere Lungen sich mit Luft füllen und wieder leeren. Durch die Atmung können wir auch Licht ein- und ausatmen. Wir atmen ein und denken dabei, dass wir es zu uns heranziehen und wir atmen aus und stellen uns vor, dass wir es auf alle Zellen unserer Organe ausstrahlen. Dann atmen wir es erneut ein... und wieder aus…

Wenn ihr einmal gelernt habt, das Licht einzuatmen, könnt ihr euch auch vorstellen, dass ihr es ausatmet und es dabei in die ganze Welt hinaussendet. Doch bevor man diese zweite Übung macht, sollte man über lange Zeit die erste ausführen, damit man viele dunkle und kränkliche Teilchen im Inneren durch reine und lebendige Partikel ersetzt. Man muss das Gefühl abwarten, dass die Arbeit der Umwandlung und Reinigung, die man unternommen hat, Früchte trägt. Erst dann kann man den anderen das Licht weitergeben, das man selbst empfangen hat.

5 – An den Ufern des Lichtes

Während einer Meditation kann es vorkommen, dass ihr euch plötzlich von Licht überflutet fühlt, dass euer Bewusstsein mit einem Mal sehr hoch auf die Ebene des Überbewusstseins versetzt wird, wo ihr von der unendlichen Weite und Schönheit, in denen euer höheres Selbst lebt, überwältigt werdet. Leider dauert dieser Zustand nicht an. Bei der Rückkehr in den Alltag findet ihr die gleichen Sorgen wieder, verfallt in die gleichen Schwächen, fühlt euch in Dunkelheit und Enge, getrennt von eurem göttlichen Ich, wie ein aus der Ganzheit herausgerissenes Fragment. Dann folgt wieder eine Aufhellung, eine Erleuchtung, die aber wieder nicht andauert. Verliert jedoch nie den Mut, macht weiter...

Eines Tages endlich, nach allen Höhen und Tiefen, nach allem Hin und Her zwischen Helligkeit und Dunkelheit, werdet ihr das Ufer wechseln und das Land des Lichtes erreichen, es wird euch nie wieder verlassen. Ihr seid dann endgültig in Sicherheit.

6 – Die Farben verbinden uns mit den geistigen Wesen

Farben können entstehen, indem weißes Licht durch ein Prisma gebrochen wird. Deshalb rate ich euch, wenn ihr über Farben meditieren wollt, zumindest am Anfang ein Prisma nach dem Stand der Sonne auszurichten. Dadurch bekommt ihr eine Vorstellung davon, welche die wahren Farben sind. Violett, Indigo, Blau... alle Farben wirken auf das Gehirn und durch die Vermittlung über das Gehirn auf den ganzen Körper. Ihr könnt eine Farbe wählen und euch auf sie konzentrieren. Versucht sie zu visualisieren und stellt euch dann vor, ihr würdet in sie eintauchen und von ihr durchflutet werden. Vom Rot zum Violett und vom Violett zum Rot kann jeder Körperteil, jedes Organ von einer der sieben Farben berührt werden.

Genau wie das Licht sind auch die Farben nicht einfach nur physikalische Phänomene, sondern haben ihren Ursprung auf der göttlichen Ebene. Indem wir uns auf sie konzentrieren, gelingt es uns, sie in uns lebendig werden zu lassen. Sie unterstützen uns bei der Übung mit den Tugenden, deren Ausdruck sie sind: das Violett für die spirituelle Liebe, die Opferbereitschaft; das Indigo für die Kraft; das Blau für die Wahrheit und den Glauben; das Grün für die Hoffnung; das Gelb für die Weisheit; das Orange für die Heiligkeit; das Rot für das Leben. Wenn ihr einmal gelernt habt, euch auf die reinsten Farben zu konzentrieren und euch von ihnen durchdringen zu lassen, werdet ihr fühlen, dass ihr mit den himmlischen Hierarchien in Verbindung tretet. Die Übungen mit den Farben und den ihnen entsprechenden Tugenden sind ein Schlüssel für das spirituelle Leben.*

* Siehe Band 201 der Reihe Izvor »Auf dem Weg zur Sonnenkultur«, Kapitel 7 »Die Geister der sieben Lichter«.

6
Die Mantras

1 – Wiederholung einer Formel

»Mantra« ist die Bezeichnung der Hindus für ein Wort, eine Formel, die sie mindestens drei Mal, oft aber viel häufiger wiederholen, um Kraftströme auf den psychischen und spirituellen Ebenen in Bewegung zu setzen. Worte oder Formeln als solche haben keine Macht, sie stellen nur Formen dar. Damit sie wirksam werden, müssen wir sie mit »Materie« füllen und diese Materie ist unser eigenes Leben. Indem wir unablässig und bewusst die gleiche Formel wiederholen, gelingt es uns nach und nach in die Tiefen des Unterbewusstseins hinabzusteigen, dorthin, wo sich die Wurzeln unseres Seins befinden. Die Kenntnis dieses Gesetzes ist wichtig für die spirituelle Arbeit, denn durch das Berühren unserer Wurzeln bieten sich uns große Möglichkeiten der Umwandlung.

2 – Die Silbe »Om«

Die Silbe Om, die die Hindus verwenden, entspricht dem, was man in der traditionellen abendländischen Philosophie als Logos oder Schöpferwort bezeichnet. Sie stellt den Urklang dar und wird mit Kalahamsa, dem mythischen Vogel assoziiert, der das Ur-Ei gelegt hat, aus dem das Universum hervorging.

»Om« ist eine Silbe mit sehr mächtigen Schwingungen und wird von den Hindus während ihrer Meditationen unablässig wiederholt. Auch ihr könnt dieses Mantra wiederholen, entweder laut oder im Geiste. Dabei konzentriert ihr euch auf dieses Wort, ohne an etwas anderes zu denken und wiederholt: Om, Om, Om… Ihr könnt es auch mit einer Atemübung verbinden, indem ihr durch die Nase einatmet und dabei in Gedanken viermal Om sprecht und dann sehr langsam durch die Nase ausatmet und wiederum viermal Om wiederholt.

Die Silbe Om kann sich zu A-u-m entwickeln und in dieser Form wird sie von uns gesungen.* Wer sich der Macht der Klänge bewusst ist, dem gelingt es nach und nach zu spüren, dass dieses Lied in seine Seele vollkommene Formen hineinschreibt.

3 – Das Wort »Danke«

Man kann ebenso andere Worte als Mantras verwenden, zum Beispiel die Wörter »Freude«, »Licht«, »Frieden«, »Liebe«, »Hoffnung« usw... Lasst euch tief von ihrem Sinn durchdringen und pflanzt sie wie Samenkörner in die Erde eurer Seele. Wacht über sie, sie werden in euch Großartiges aufkeimen lassen.

Aber es gibt unter allen Wörtern eines, das für mich die größte Wirksamkeit besitzt, ein Wort das erhellt, harmonisiert und heilt; es ist das Wort »danke«. Ich habe in meinem Leben viele Methoden ausprobiert und viele Experimente gemacht, aber ab dem Tag, an dem ich es mir zur Gewohnheit machte, bewusst das Wort »Danke« zu wiederholen, habe ich gespürt, dass ich damit einen Zauberstab besitze, der die Fähigkeit hat, alles zu verwandeln.

Wenn ihr wisst, wie ihr dieses Wort aussprechen sollt, wird es in euch eine Arbeit machen, die bis ins Mark eurer Knochen reicht. Schließt die Augen, indem ihr versucht, euer Denken von den alltäglichen Sorgen zu befreien und lenkt es zu den Lebensquellen, die das Universum laben. Wenn ihr endlich den Fluss der euch durchströmenden Gedanken, Gefühle und Bilder angehalten habt, dann wiederholt innerlich: danke, danke, danke... Es ist das einfachste aber mächtigste Wort, das alle Spannungen löst. Indem ihr es aussprecht, verlasst ihr den Kreis eures begrenzten Ichs, um in den Frieden des kosmischen Bewusstseins einzutreten. Bleibt so lange wie möglich in diesem

* Siehe Doppel-CD »Chants de la Fraternité Blanche Universelle«, CD 1, Lied Nummer 14. Die CD ist erhältlich beim Prosveta Verlag.

Zustand, und wenn ihr dann eure Alltagsaktivitäten wieder aufnehmen müsst, werdet ihr fühlen, dass sehr kostbare Elemente, wie Heiterkeit, Klarheit und Kraft, in euch eingeflossen sind.

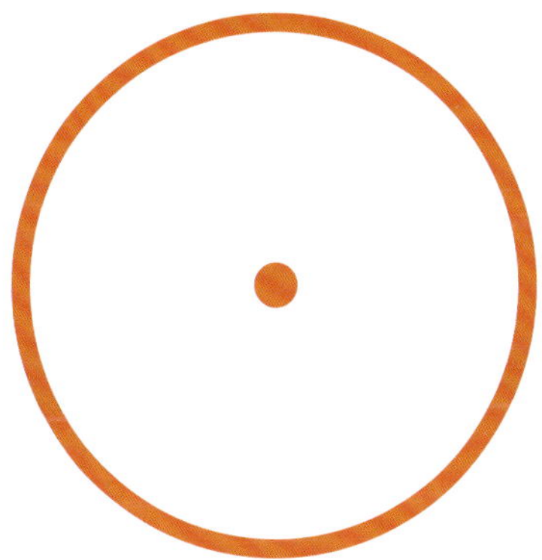

7
Ein ideales Bild von sich selbst formen

Es gibt so viele gute Eigenschaften, die ihr gerne besitzen würdet: Weisheit, Güte, Reinheit, Großzügigkeit, Geduld, Uneigennützigkeit, Kraft… Stellt euch vor, dass ihr von Licht umgeben seid. In diesem Licht stehend, bemüht euch darum zu sehen, wie ihr diese Eigenschaften manifestiert. Nach und nach werden die so geformten Bilder lebendig, sie wirken auf euch, indem sie aus dem Universum Wesenheiten anziehen, die diese Tugenden repräsentieren. Diese kommen, um euch zu erhellen und zu unterweisen. Aber zuallererst müsst ihr über einen langen Zeitraum die vollkommenen Bilder von euch selbst auf der Mentalebene formen, denn von dort werden sie nach und nach herabsteigen, um euer gesamtes Wesen in Besitz zu nehmen.

Indem ihr in euch selbst ein Bild erschafft, das alle Vollkommenheiten umfasst, indem ihr es stärkt und nährt, werdet ihr nach und nach ein anderer Mensch, denn dieses Bild durchdringt euch und wandelt euch um. Ist es euch einmal gelungen, dieses Bild in euch zu erschaffen, wird es, wo immer ihr hingeht, alle Geschöpfe, sogar die Tiere, Pflanzen, Steine und die gesamte Natur positiv beeinflussen. Es werden von euch Licht- und Energieströme ausgehen, die Ordnung, Gleichgewicht und Harmonie mit sich bringen.

8

Musik: Ein Windhauch, der uns zu neuen Ufern führt

Vom initiatischen Standpunkt aus gesehen setzt die Musik Kenntnis der Ordnung der Welt, der Lebewesen und der Dinge voraus, das Wissen um die harmonischen Beziehungen zwischen dem Menschen als Mikrokosmos und dem Universum als Makrokosmos. Sie erzählt uns von unserem himmlischen Ursprung und Erbe, und indem sie auf unsere feinstofflichen Körper einwirkt, ermöglicht sie uns, den Kontakt mit der Heimat unserer Seele wiederherzustellen. Sie erzeugt nicht nur eine Atmosphäre, sondern beeinflusst auch auf günstige Weise unsere mentale Aktivität, deshalb kann sie uns bei unserer spirituellen Arbeit helfen. Sie ist vergleichbar mit dem Windhauch, der die Segel eines Bootes bläht, sodass es das Ufer verlässt und zu neuen Horizonten aufbricht.

Wenn ihr Musik hört, fühlt ihr euch getragen und neigt ihr dazu, eure Gedanken schweifen zu lassen. Versucht vielmehr, sie zu konzentrieren, damit sie zur Verwirklichung von Vorhaben, die euch besonders am Herzen liegen, beitragen, zur Verwirklichung eures höchsten Zieles, nach dem ihr strebt. Und wenn ihr eine für eure Zukunft wichtige Person treffen müsst oder eine schwierige Arbeit auszuführen habt, so könnt ihr auch dieses Treffen und diese Arbeit bewusst vorbereiten, indem ihr Musik hört.

Da ihr Liebe, Weisheit, Wahrheit, Freiheit und Schönheit sucht, könnt ihr euch vorstellen, dass die Musik euch bis zu den geistigen Regionen trägt, die diese geschaffen haben. Der Klang ist eine Kraft, die euch sehr weit hinausprojizieren kann, aber es liegt bei euch, die Richtung zu wählen, in die ihr getragen werden wollt.

9
Die Gebetsperlenkette oder unsere Zugehörigkeit zu einer Kette ohne Anfang und Ende

Gebetsperlenketten haben deshalb einen so großen Platz in bestimmten Religionen oder geistigen Traditionen inne, weil sie die Verkettung der kosmischen Kräfte, die unendliche Abfolge von Elementen und Wesen symbolisieren. Was ist an einer Gebetsperlenkette so besonders? Wie bei einem Collier haben alle Kerne oder Perlen, aus denen es besteht, in der Mitte ein Loch, durch das ein Faden führt, der sie alle miteinander verbindet. Ich werde euch jetzt zeigen, wie ihr in euren Meditationen selbst eine solche lebendige Gebetskette entstehen lassen könnt.

Beginnt damit, in euch das Wesen zu suchen, das allwissend, allliebend, allmächtig und unsterblich ist: euer höheres Selbst. Dies ist die erste Perle, und mithilfe des Denkens fädelt ihr den Faden in diese erste Perle ein.

Die zweite Perle stellt euren Vater dar, das Zentrum, von dem aus das Familienleben organisiert wird. Wohlgemerkt, wir befinden uns hier in der Welt der Symbole; es ist hier also völlig zweitrangig, ob euer Vater anwesend oder abwesend ist und ob es sich um einen bemerkenswerten, mittelmäßigen oder kriminellen Menschen handelt; symbolisch gesehen ist das Bild des Vaters für einen Menschen extrem wichtig. Die Rolle der Mutter ist ebenso bedeutsam, denn sie ist die Repräsentantin der Mutter Natur, aber um das Bild der Perlenkette zu verstehen, brauchen wir hier den Vater.

Die dritte Perle repräsentiert das Staatsoberhaupt. Auch dieses repräsentiert symbolisch ein Zentrum, und es ist gut, diesem Zentrum nur positive Gedanken und Gefühle zu schicken. Selbst wenn an der Spitze eures Landes ein Monster sitzt, nützt es nichts, Verachtung oder Hass auf ihn zu projizieren. Wenn man an ihn denken muss, dann ist es besser, ihm Lichtstrahlen zu senden, um die in ihm wohnende Dunkelheit zu neutralisieren.

Die vierte Perle repräsentiert den Lehrer, den geistigen Meister. Wir alle brauchen einen Menschen, den wir ins Zentrum unseres geistigen und moralischen Lebens stellen. Wenn nicht auf der physischen Ebene, so soll man ihn auf der spirituellen Ebene suchen. Es fehlt in der Geschichte der Menschheit nicht an solchen außergewöhnlichen Wesen, zu denen ihr Zuflucht nehmen könnt, damit sie eure Seele und euren Geist nähren.

Die nächste Perle repräsentiert den Regenten der Erde, jene Wesenheit, die damit beauftragt ist, über die Entwicklung der Menschheit zu wachen. Ihr wendet ein, dass ihr ihn nicht kennt. Es ist nicht nötig, ihn zu kennen, es genügt, an ihn zu denken und dank des Gesetzes der Affinität werden ihn eure Gedanken finden. Er ist die fünfte Perle.

Wenn ihr noch weiter geht, findet ihr das Zentrum des Sonnensystems, das natürlich die Sonne ist, der Geist der Sonne, und ihr nehmt ihn auch in die Kette auf. Das ist die sechste Perle.

Schließlich fügt ihr als letzte die siebte Perle dem Faden hinzu: den Herrn, den Herrscher des Universums, die Quelle des Lebens.

Nachdem ihr die sieben Perlen aufgefädelt habt, verbindet ihr die beiden Enden des Fadens und habt nun einen Kreis, in dem die Energien ohne Unterbrechung kreisen. Dieser Kreislauf kann nur entstehen, weil der Faden durch die Mitte jeder Perle führt. Und was ist dieser Faden? Die Liebe, ja, die Liebe, die die Verbindung zwischen den verschiedenen Mittelpunkten herstellt: ihr, euer Vater, das Staatsoberhaupt, der geistige Meister, der Regent der Erde, der Geist der Sonne, Gott. Ihr habt damit begonnen, eure eigene Mitte zu suchen, euer höheres Selbst, um es mit den anderen Mittelpunkten zu verbinden, und wenn ihr die beiden Enden des Fadens verbindet, entdeckt ihr, das Gott, obwohl Er am weitesten von euch entfernt ist, auch der Nahestehendste ist. Das ist das Geheimnis und die Schönheit der Perlenkette: Das, was am weitesten entfernt ist, ist in Wirklichkeit das Nächste. Ihr geht von einer Perle zur anderen... Der Schöpfer ist unerreichbar, aber dank der anderen Zentren, auf die ihr eure Gedanken richtet, nähert ihr euch Ihm an.

Vergesst nie, dass ihr Glied einer Kette seid. Indem ihr ständig in eurem Bewusstsein tragt, dass ihr ein Teil dieser Abfolge seid, tretet ihr in die kosmische Harmonie ein.

10
Vor einem Holzfeuer

1 – Was wir durch unsere Hände empfangen

Wenn wir zu einem Holzfeuer kommen, warum strecken wir dann spontan die Hände danach aus? Weil unsere Fingerspitzen, ebenso wie die Handflächen, mit zahlreichen Sinneszellen ausgestattet sind. Wir besitzen dort sensible Zentren, und sobald wir uns einem Feuer nähern, werden diese Zentren angeregt: Sie empfangen das Licht und die Wärme und noch andere feinstoffliche Elemente, die vom Feuer ausgehen, und vermitteln sie dem gesamten Körper.

In einem Holzfeuer ist Leben und wir können dieses Leben auffangen, indem uns bewusst wird, dass es so kostbar ist, weil es von der Sonne kommt.

2 – Das Feuer der Befreiung

Dank des Feuers befreit sich die gesamte vom Baum angesammelte Energie – diese Energie, die seine Seele ist – aus ihrem Gefängnis, in das sie eingesperrt war. Sie braucht das Feuer, um sich zu befreien. Das Feuer ermöglicht das Öffnen dieser tausenden von Ausgängen, durch welche die Seele des Baumes entweicht. Indem wir es meditativ betrachten, lernen auch wir, all das in uns, was materiell und grob ist, unsere Hüllen und Schutzpanzer abzuwerfen.

Durch diese brennenden Äste bietet sich der Baum den Flammen als Nahrung dar. Das Feuer verzehrt den Baum und verwandelt ihn dadurch, es macht ihn dem Feuer ähnlich. Der Baum wird zu Feuer, weil das Feuer ihn verzehrt. Das ist ein Gesetz: Jedes Ding, jedes Lebewesen wird identisch mit dem, von dem es verzehrt wird. Und wenn wir unser ganzes Wesen dem Feuer der göttlichen Liebe weihen, auf dass es sich unser bemächtige, so wird es auch uns befreien und uns ihm ähnlich machen. Wir besitzen innerlich genügend Materialien, um das göttliche Feuer in alle Ewigkeit zu nähren. Deshalb sollten wir über das Feuer meditieren, indem wir versuchen zu begreifen, wie es an dem Baum arbeitet, um ihn in Licht und in Wärme zu verwandeln, damit auch wir zu Lichtbäumen werden.

3 – Die Feuergeister sprechen zu uns

So wie die Erde, das Wasser und die Luft, so ist auch das Feuer eine bewohnte Welt. Die im Feuer lebenden Geschöpfe sehen und beobachten uns, und da sie sehr sensibel sind für das Interesse, das man ihnen entgegenbringt, für die Liebe, die man ihnen gegenüber offenbart, nähern sie sich uns, um uns zu lehren. Ihr werdet sagen, dass ihr sie weder hören noch verstehen könnt. Das sollte euch nicht beunruhigen. Was sie sagen, wird in eurem Unterbewusstsein aufgezeichnet, und eines Tages, unter bestimmten günstigen Bedingungen, werdet ihr eine Intuition, eine plötzliche Erleuchtung erfahren. Das Wichtigste ist, dass ihr wach und aufmerksam seid und dass ihr euch den Feuergeistern öffnet: Auf diese Weise bereitet ihr eure inneren Apparate darauf vor, empfänglich zu werden.

11
Beim Betrachten einer Rose

Ihr bleibt vor einer Rose stehen… Wie viele Dinge könnt ihr verstehen, indem ihr sie kontempliert! Verbindet euch mit ihrem Geist, sprecht zur Rose wie zu einem lebendigen Wesen, bittet sie darum, eure Seele ihr ähnlich zu machen und mit ihren Quintessenzen zu durchtränken, damit auch sie zu einer Blume im Garten Gottes wird und die himmlischen Wesen erfreut, die gerne die Erde besuchen. Denn die himmlischen Wesen sind glücklich, auf ihrem Weg Blumen, also reine und lichtvolle Seelen zu entdecken. Sie kümmern sich dann um sie und beschützen sie, um sie noch schöner zu machen.

Eine Rose – welch geheimnisvolle Welt! Ihre Form ist Ausdruck vollkommener Harmonie, ihr Duft ist Ausdruck der Reinheit, ihre Farbe ist Ausdruck der wahren Liebe, jener Liebe, die nicht gefangen hält, sondern befreit.

12
Sich ernähren: eine Kommunion

Essen bedeutet, in unseren Organismus Materieteilchen einzubringen. Diese mehr oder weniger dichten Teilchen werden uns von den vier Elementen (Erde, Wasser, Luft, Feuer) gegeben; sie kommen angefüllt mit kosmischem Leben zu uns, und es ist für uns wichtig, sie in dem Bewusstsein zu empfangen, dass sie dazu dienen, unseren physischen Körper zu ernähren, aber dass sie auch in den Aufbau unserer psychischen und spirituellen Körper einfließen. Wir können also die Ernährung, diese Handlung, die wir täglich mehrmals ausführen, wie einen Yoga praktizieren und uns dabei bemühen, aus jedem Lebensmittel Atome des Lichts und der Ewigkeit zu gewinnen. Natürlich hat das Denken hier eine wichtige Rolle zu spielen. Es kann wie ein extrem durchdringender Strahl bis zum materiellen Kern der Nahrung gelangen, um dort die subtilsten Energien freizusetzen und sie in alle Zentren unseres Organismus zu schicken, die ihre Verteilung sicherstellen werden.

Wenn ihr euch angewöhnt, euch vor jeder Mahlzeit einige Minuten zu sammeln, erschafft ihr die Bedingungen dafür, dass die Ernährung, dieser für das Leben so unverzichtbare Prozess, zu einer heiligen Handlung, zu einer wahren Kommunion wird. Bevor ihr mit dem Essen beginnt, solltet ihr ebenso an die Gesten denken, die ihr ausführen werdet: die Nahrung zum Tisch bringen, euch und die anderen, die mit euch essen bedienen, das Besteck handhaben... Es ist wichtig diese Gesten zu beherrschen, um dabei so wenig Lärm wie möglich zu machen. Unterschätzt niemals die Beherrschung der Gesten, denn dies ist eine Voraussetzung zur Bemeisterung der Gedanken, was für das Meditieren unbedingt notwendig ist.

Da alles, was im Universum existiert, von diesem schöpferischen Prinzip, dem Geist herrührt, ist alles vom Geist belebt. Aber nicht alles ist Geist. Obwohl unser Körper etwas vom Geist besitzt, ist er weit davon entfernt, über die Gesamtheit von dessen geistigen Eigenschaften und Fähigkeiten zu verfügen; doch es hängt von uns ab, ob er zunehmend fähig wird, diese zu erlangen. Wenn wir beim Essen den Geist bitten, an dieser Handlung teilzunehmen, so wird er nach und nach die Nahrung durchtränken und unsere eigene Materie durchdringen. Die Nahrung enthält das Leben, aber sie besitzt noch nicht den Geist. Es ist unsere Aufgabe, uns während des Essens auf sie zu konzentrieren, um den Geist einziehen zu lassen, der unsere psychischen und unseren physischen Körper beleben wird.

Nehmt nun eine Frucht und haltet sie einen Moment in eurer Hand – sie wird sich leicht erwärmen. Genau so kann eure Liebe sie auf einer feinstofflichen Ebene beeinflussen. Diese Frucht, die ihr mit Liebe haltet, empfängt in ihrer Aura die Wärme eures Herzens. Auf diese Weise gleicht ihr sie eurer inneren Temperatur an, und sie ist euch wohlgesonnen.

Denkt jedes Mal daran, wenn ihr eine Frucht esst. Ihr könnt sie einen Augenblick in der Hand halten und sie bitten, sich für euch zu öffnen. Auf diese Weise wirkt ihr auf ihre ätherische Materie ein und sie wird euch viel mehr physische Energien bringen. Sie lässt euch an ihrem Leben und an dem Leben der ganzen Natur, die an ihrer Entstehung mitgewirkt hat, teilhaben.

13
Der Prozess der Identifikation

1 – »Ich bin Er«

Als der Schöpfer den Menschen nach Seinem Bilde erschuf, prägte Er ihm Sein Siegel tief ein. Diese unauslöschliche Prägung erklärt das Gefühl des Unbefriedigtseins, des Mangels, das alle Männer und Frauen ständig empfinden, was immer sie auch tun. Sie suchen, sie machen mehr oder weniger glückliche Erfahrungen, und selbst wenn sie einen Augenblick lang glauben, sie hätten endlich das gefunden, was ihre Erwartungen erfüllt, so spüren sie doch kurze Zeit später, dass ihnen noch etwas Wesentliches fehlt. Diese oft so schmerzliche Enttäuschung ist in Wirklichkeit ein Segen, weil sie es ist, die die menschlichen Seelen dazu antreibt, immer weiter zu suchen, bis sie sich dem Geliebten nähern, dem kosmischen Geist, und sich mit ihm vereinen.

Durch die Formel »Ich bin Er« definieren die indischen Yogis das Ziel ihrer Arbeit, die darin besteht, nur noch eins mit dem Göttlichen zu sein. Indem der Yogi diese Worte unablässig wiederholt, gelingt es ihm, sich bewusst zu werden, dass nur Gott existiert; er selbst existiert nicht, oder er existiert vielmehr nur als Seine Spiegelung, Sein Schatten. Solange der Mensch den göttlichen Teil seiner selbst ignoriert, identifiziert er sich mit seinen Instinkten, Wünschen, Gefühlen und Meinungen, die nicht sein wahres Ich sind. Und diese Ignoranz hält ihn in Schwäche und Unzufriedenheit fest.

Indem wir »Ich bin Er« wiederholen, erheben wir uns bis zu diesem Bewusstseinsgrad, in dem wir spüren, dass wir ein Teil Gottes sind, dass wir nicht außerhalb von Ihm existieren. Da Er es ist, der uns geschaffen hat, ist Er es auch, der uns nährt und am Leben erhält. Dank unserer Bemühungen, uns Ihm anzunähern, senden wir Schwingungen aus und setzen eine Bewegung in unserem Unterbewusstsein, unserem Bewusstsein und unserem Überbewusstsein in Gang, bis wir spüren, dass wir nicht mehr als getrenntes Wesen existieren, dass wir mit einem Ozean aus Licht verschmelzen. Dann werden wir eines Tages wie Jesus sagen können: »Ich und der Vater sind eins« (Jh 10,30).

2 – Sich mit dem identifizieren, was man gerne besitzen würde

Man verliert niemals das, was man wirklich besitzt. Und um es wirklich zu besitzen, muss es ein Teil von einem selbst geworden sein, es muss eine Begegnung, eine Verschmelzung stattgefunden haben. Jemand liebt, und dann liebt er nicht mehr; er hat Glauben, und dann zweifelt er wieder; er lebt im Frieden, und dann wieder im Aufruhr... Das bedeutet ganz einfach, dass ihm weder die Liebe noch der Glaube noch der Friede wirklich gehört. Damit sie ihm gehören, muss er sich mit ihnen identifizieren, muss er selbst Liebe, Glaube und Friede werden.

Als Jesus sagte: »Ich bin das Licht der Welt«, identifizierte er sich mit dem Licht. Er sagte nicht, das Licht sei in ihm oder mit ihm, sondern er sei Licht. In dieser Formel verbirgt sich eine ganze Wissenschaft, über die man meditieren und die man in allen Bereichen des inneren Lebens verwenden kann. Auf der physischen Ebene können wir viele Dinge verlieren, die uns scheinbar gehören. Wenn wir sie verlieren, so bedeutet das, dass sie in Wirklichkeit kein Teil von uns sind. Aber das, was in uns ist, mit uns vermischt und verschmolzen, was uns in Fleisch und Blut übergegangen ist, das können wir niemals verlieren.

14
Beim Sonnenaufgang

1 – Sich am Abend zuvor darauf vorbereiten

Wenn ihr beschlossen habt, den Sonnenaufgang zu kontemplieren, so denkt daran, euch schon am Abend zuvor darauf vorzubereiten. Die Vorbereitung besteht darin, dass ihr beim Abendessen Maß haltet, die Stunden danach in Harmonie verbringt und früh schlafen geht. Ihr werdet nur dann wirklich in Kontakt mit der Sonne treten, wenn euer Kopf und euer Herz nicht mit Gedanken und Gefühlen verstopft sind, die euch weit von ihr entfernen. Und ihr solltet physisch in einem guten Zustand sein, damit eure volle Aufmerksamkeit erhalten bleibt.

2 – Wie am ersten Morgen der Welt

Wenn ihr sehr früh losgeht, um die ersten Schimmer der Morgenröte erscheinen zu sehen, werdet ihr von einem heiligen Gefühl ergriffen. Es ist, als würde die ganze Natur ein Mysterium zelebrieren. Ihr werdet euch sogar gezwungen fühlen, anders zu gehen, um die Atmosphäre nicht zu stören. Während ihr euch auf den Weg macht, habt innerlich den Gedanken gegenwärtig, dass ihr an einem unglaublichen Ereignis teilnehmen werdet: der Geburt eines neuen Tages.

Seit Milliarden von Jahren wiederholt die Geburt jedes neuen Tages unablässig den ersten Morgen der Welt. Wie viele sichtbare und unsichtbare Geschöpfe wohnen diesem herrlichen Erscheinen des Lichtes bei, um ein weiteres Mal die Mächte des Lebens zu begrüßen! Und wir können uns zu ihnen gesellen.

Ihr wendet vielleicht ein, eure Anwesenheit werde nichts daran ändern, die Sonne werde aufgehen, ob ihr da seid oder nicht, ob ihr sie grüßt oder etwas anderes tut. Natürlich braucht die Sonne die Menschen nicht, um am Horizont aufzugehen. Aber die Menschen brauchen die Sonne, weil es eine Verbindung zwischen den Ereignissen der Natur und den Ereignissen des inneren Lebens gibt. Wenn ihr einmal gelernt habt, wie ihr den Sonnenaufgang betrachten sollt, werdet ihr spüren, wie alle reinen und lichtvollen Mächte in Aktion treten, und ihr werdet verstehen, wie wichtig es ist, mit ihnen zu arbeiten, damit auch in eurem Bewusstsein der Tag erwacht.

Es gibt so viele Dinge zu entdecken, während man den Sonnenaufgang betrachtet! Bereits mit Beginn der Morgendämmerung spielt sich ein besonderes Schauspiel am Himmel ab... all diese dunklen oder hellen Wolken, die erscheinen und verschwinden, alle Farben der Morgenröte kündigen auf mannigfaltige Weise eine strahlende Erscheinung an: die Sonne.

Indem sie sich in den Himmel erhebt, singt die Sonne die gesamte Tonleiter der Farben, wobei jede Farbe einen Ton hervorbringt. Welch eine Symphonie, wenn sie schließlich strahlend weiß am Himmel steht! In dieser Symphonie, in diesen Lichtsalven reinigt sich unsere Aura, sie stärkt sich und schwingt intensiver; sie sendet den Engelwesen Lichtsignale, so dass diese spüren, dass sie zu einem Fest eingeladen sind. Also eilen sie herbei, um daran teilzunehmen, und sie bringen, wie alle Gäste, die zu einem Fest gehen, Geschenke mit.

Nachdem sie langsam aus der Dunkelheit aufgestiegen ist, füllt die Sonne jetzt den gesamten Raum mit ihrem Licht. Taucht ein in dieses Licht wie in einen Ozean des Lebens, der vibriert und pulsiert. Stellt euch vor, ihr schwimmt darin, ihr zerfließt in diesem Licht, ihr atmet es ein und trinkt es. Lasst euch von dieser Helligkeit absorbieren, bis ihr spürt, dass eure Dunkelheiten, eure Zweifel, eure Sorgen sich endlich in ihr auflösen.

Wenn ihr gelernt haben werdet, mit dem Sonnenlicht zu verschmelzen, wird es euch überallhin begleiten. Es wird alle Zellen eures Körpers imprägnieren, so dass sie beginnen, mit dem Geist der Sonne in Einklang zu schwingen. Ihr werdet auf diese Weise nicht nur Energien aus diesem unerschöpflichen kosmischen Reservoir erhalten, sondern das wahre Wissen wird euch gegeben, ein Wissen, das euch immer lebendig halten wird.

3 – Ein Bild göttlicher Vollkommenheit

Wir können erst nach langen und geduldigen Bemühungen herausfinden, was die Sonne wirklich ist, denn sie offenbart sich nicht so leicht, und unsere Alltagsaktivitäten bereiten uns nicht darauf vor, dieses so subtile Leben wahrzunehmen, das eine Nahrung für unsere Seele und unseren Geist darstellt. Wir müssen lange beharrlich an unseren spirituellen Sinnen arbeiten, um zu begreifen, dass allein die Sonne uns eine Vorstellung von der göttlichen Vollkommenheit übermitteln kann.

Natürlich ist die Sonne nur eine Form, man muss weitergehen, um Gott jenseits der Formen zu suchen. Aber während ihr die Sonne betrachtet, könnt ihr lernen zu spüren, dass ihr euch vor Seinem treuesten Repräsentanten auf der Erde befindet. Dieses Gefühl wird dazu beitragen, die Schwingungen eures Wesens zu erhöhen. Alle Elemente werden in euch verstärkt, und ihr fühlt euch in die höheren Regionen des Raumes projiziert; einen Augenblick lang wird sich sogar das Zeitempfinden auflösen, und ihr lebt, wie Gott, in der Ewigkeit.

4 – Die Sonne ins Zentrum setzen

Die Sonne ist das Zentrum eines ganzen Planetensystems, das von ihr unterstützt, organisiert und belebt wird. Die Bewegung der Planeten um sie herum gilt deshalb sogar als Ebenbild der universellen Harmonie, weil die Planeten um ein Zentrum kreisen, das dieses wunderbare Gleichgewicht aufrechterhält. Wenn die Sonne von ihrem Platz in der Mitte verschwinden würde, würde Chaos entstehen. Die Menschen sollten versuchen, diese harmonische Bewegung der Planeten um die Sonne in ihrem Inneren zu reproduzieren, damit alle Partikel ihres Wesens in den Rhythmus des universellen Lebens eintauchen. Solange sie keinen Mittelpunkt haben, der die Bewegungen der Peripherie, also ihre Gedanken, Gefühle und Handlungen, aufrechterhält, ausgleicht und koordiniert, sind sie den Windböen und Stürmen ausgeliefert, die in der Welt toben.

Indem wir jeden Morgen die Sonne bei ihrem Erscheinen kontemplieren, mit dem Wunsch, aus ihr Energien zu schöpfen und in sie einzudringen, aber sie auch in uns wiederzufinden, verlassen wir die Peripherie unseres Wesens, wo Unordnung und Verwirrung herrschen, und kehren zu diesem Zentrum zurück, zu Frieden, Freiheit und Licht. Auf diese Weise werden wir fähig, in uns ein System aufzubauen, das dem Sonnensystem ähnlich ist und bei dem unser Geist, der unsere eigene Sonne ist, seinen Platz einnimmt und die Richtung bestimmt.

Um Lösungen für die Fragen zu finden, die sich uns täglich stellen, sei es im psychischen oder im materiellen Leben, müssen wir daran arbeiten, innerlich ein organisiertes System zu werden, das heißt, die Sonne in uns in den Mittelpunkt zu stellen, so dass alles um dieses Zentrum von Licht und Wärme kreist. Wenn wir fähig werden, alle instinktiven Bewegungen unseres Seins mit einem Eifer, dem nichts widerstehen kann, auf unser Sonnenzentrum zu lenken, haben wir die Herrschaft über unser Schicksal errungen.

Ihr werdet natürlich sagen, dass die Aufgaben des Alltags euch oft dazu zwingen, dieses Zentrum zu verlassen, um eure Aktivitäten an der Peripherie fortzusetzen. Aber selbst wenn ihr euch dieser Notwendigkeit beugt und euch vom Zentrum entfernt, gibt es keinen Grund, die Verbindung zu ihm abzuschneiden. Im Gegenteil, je mehr Aktivitäten an der Peripherie stattfinden, desto mehr muss man die Verbindung mit dem Zentrum, mit dem Geist, stärken. Denn von diesem Zentrum erhalten wir die Energie, das Licht, den Frieden, die wir brauchen, um alle unsere Unternehmungen zu einem erfolgreichen Ende zu bringen. Und die Sonne, die wir beim Aufgehen betrachten, hilft uns, diese Verbindung zu unserem inneren Zentrum aufrechtzuerhalten.

5 – Wie die Erde bei der Rückkehr des Frühlings

So wie die Sonne ihr Licht und ihre Wärme im Universum verbreitet, könnt ihr durch eure Gedanken und Gefühle alle Regionen des Raumes berühren. Unterwegs werdet ihr einer Vielzahl von unsichtbaren Wesen begegnen, die ihr grüßt und die euch ihrerseits grüßen werden. Dank dieses Austausches, dank dieser ununterbrochenen Kommunikation mit diesen Geschöpfen, werden die Keime des göttlichen Lebens anfangen zu wachsen. So manifestiert ihr ganz spontan, sogar ohne daran zu denken und ohne Anstrengung, das Beste, was ihr in euch tragt. Weil die Sonne in eurer Seele leuchtet, werdet ihr wie die Erde bei der Rückkehr des Frühlings, wenn die gesamte Natur wieder aufersteht.

6 – Den Solarplexus mit dem Morgenlicht aufladen

So wie sich die Sonne im Herzen unseres Universums befindet, so befindet sich der Solarplexus im Herzen des Menschen, und so wie sie, ist auch der Solarplexus eine Verdichtung von Lebenskräften, ein Akkumulator von Energien. Ihr werdet die Sonne erst dann wirklich kennenlernen, wenn ihr bei ihrer Betrachtung im Solarplexus intensive Schwingungen spürt, die sich auf euer gesamtes Wesen übertragen.

Es gibt unterschiedliche Arten von Licht. Das, was unser Nervensystem und unser gesamter Organismus am dringendsten brauchen, das ist das Licht des Sonnenaufgangs; und weil es das subtilste Licht ist, ist es auch das wirksamste. Lernt geduldig, dieses Licht aufzunehmen, dann werdet ihr nach und nach spüren, wie sich in eurem Solarplexus eine Tür öffnet. Er wird sich wie ein Speicher immer mehr mit dieser kostbaren Quintessenz füllen. Eines Tages wird euer Speicher übervoll sein, und dann habt ihr nur noch den einen Wunsch: dieses Elixier, dieses Licht an alle lebendigen Geschöpfe zu verteilen. Es gibt keine größere Freude, als das weiterzugeben, was man von der Sonne erhalten hat.

7 – Selbst wenn man schläfrig ist

Selbst wenn es für euch schwierig ist, früh am Morgen aufzustehen, selbst wenn ihr noch halb schlaft, lohnt es sich, dem Sonnenaufgang beizuwohnen. Ihr werdet einwenden, dass ihr unter diesen Bedingungen nichts empfangen werdet. Aber da solltet ihr euch nicht täuschen: Obwohl es vorzuziehen ist, wach und aufmerksam zu sein, geschieht doch unbemerkt und ohne dass euch dies bewusst ist, eine Arbeit, deren Wirkungen später sichtbar werden. Denn es ist ein Gesetz, dass alle Geschehnisse, die sich um uns herum ereignen, in uns aufgezeichnet werden und eines Tages an die Oberfläche kommen können. Begebt euch daher innerlich in einen empfänglichen Zustand, selbst wenn ihr nicht völlig präsent seid: Euer Geist, eure Seele und auch euer Körper werden einige Elemente der Sonne aufnehmen, die sich später als Harmonie, Frieden und Licht zeigen werden.

8 – Die Früchte der Hoffnung empfangen

Während ihr am Morgen dem Sonnenaufgang beiwohnt, sagt euch, dass ihr dort seid, um die Früchte der Hoffnung zu empfangen. Wie oft gibt euch die Sonne durch ihr Licht, ihre Wärme und ihr Leben Hoffnung zu essen und zu trinken! Warum gebt ihr diese Hoffnung so häufig auf und gebt der Mutlosigkeit Raum? Warum haltet ihr euch nicht an Gedanken, die euch nähren und stärken? Wenn ihr nichts tut, um euch selbst von der traurigen, euch belastenden Realität zu befreien, werdet ihr am Ende von ihr erdrückt. Sagt euch im Gegenteil: »Die Schwierigkeiten und Leiden werden nicht andauern. Ich bin ein Sohn Gottes, eine Tochter Gottes, und Er hat für mich eine lichtvolle Zukunft vorbereitet.« Dieses Bewusstsein solltet ihr während des Sonnenaufgangs gut in euch verankern.

9 – Die Verteilung der sieben Farben im Organismus

Unser physischer Körper empfängt das Sonnenlicht durch die Haut, aber auch durch ein Energiezentrum, das sich oberhalb der Milz befindet. Indem es das Licht aufnimmt, fächert dieses Zentrum es in die sieben Farben des Prismas auf. Anschließend verteilt es sie im Organismus auf folgende Weise: Rot und Orange in die Geschlechtsorgane, Gelb in das Herz und die Lungen, Grün in Magen Leber, Darm und Nieren, Blau in Hals und Nase, Indigo und Violett ins Gehirn.

Da eine Funktion der Milz darin besteht, rote Blutkörperchen zu produzieren, ist es nicht verwunderlich, dass sich das ätherische Zentrum der Vitalität direkt oberhalb von ihr befindet. Um diese von der Sonne kommenden Vitalitäts-Partikelchen zu empfangen, denkt am Morgen daran, eure Aufmerksamkeit auf dieses Zentrum zu richten. Auf diese Weise macht ihr es empfänglicher für das Licht, und es wird die sieben Farben in harmonischer Weise unter den verschiedenen Organen eures Körpers verteilen.

10 – Das Erschaffen neuer Formen

Jeder Mensch kommt mit mehr oder weniger ausgeprägten körperlichen und seelischen Unzulänglichkeiten auf die Welt. Diese Unzulänglichkeiten haben immer die gleiche Ursache: In seinen früheren Leben hat jeder durch Unwissenheit Fehler begangen, die sich angesammelt und verdichtet haben, so dass sie gleichsam zu Wucherungen in seinem Inneren geworden sind. Und jetzt hat er es mit einer Materie zu tun, die sich ihm widersetzt. Das einzige Mittel, diesen Widerstand zu überwinden ist, den umgekehrten Prozess in Gang zu setzen und diese Wucherungen einzuschmelzen, indem man sie dem Feuer des Geistes unterwirft.

Um uns zu verwandeln, unser inneres Wesen neu zu gestalten und sogar unsere Erbanlagen zu ändern, müssen wir das Feuer der Sonne, das eine Offenbarung des Geistesfeuers ist, anziehen und es so lange in uns lebendig erhalten, bis es unsere dunkle Materie zum Schmelzen bringt. Anschließend sollten wir auch mithilfe des Denkens und der Vorstellungskraft unermüdlich an dieser gereinigten Materie arbeiten, um in unserer Seele neue, reinere und harmonischere Formen und Ausdrucksmöglichkeiten zu erschaffen.

11 – Einen Funken auffangen

Um zu spüren, was die Sonne wirklich ist, solltet ihr euch nicht darauf beschränken, sie als einen sich außerhalb von euch befindenden Gegenstand, als ein schönes Schauspiel, zu betrachten. Wendet euch an sie als spirituelle Kraft, die in der Lage ist, euch zu erleuchten und euch das ewige Leben zu schenken. Lasst ihre Schwingungen gedanklich in eure Seele, in euer Herz und sogar in eure physischen Körper eindringen.

Die Sonne ist das Feuer des Lebens. Versucht wenigstens einen Funken davon aufzufangen, den ihr dann in euch gut verwahrt und wie den kostbarsten Schatz mit euch tragt. Ihr ahnt noch nicht, welche Verwandlungen dieser Funke in eurem ganzen Dasein bewirken kann.

12 – Sich von der Sonne ernähren

Was ist ein Sonnenstrahl? Er ist ein Fluss aus Milliarden von Teilchen von großer Reinheit. Indem ihr lernt, euch auf ihn zu konzentrieren, wird es euch gelingen, aus eurem Organismus alle möglichen verbrauchten, dunklen Stoffe auszuscheiden, um sie durch diese neuen, lebendigen und kraftvollen Teilchen zu ersetzen. Versucht diese göttlichen Teilchen von ganzem Herzen und ganzer Seele in euch aufzusaugen. So wie der Alchimist die Verwandlung der Metalle in Gold bewirkt, werdet auch ihr die Materie eures Wesens umwandeln. Dann werdet ihr dank der Sonne wie ein neues Geschöpf denken und handeln. Denn im Unterschied zu allem, was ihr im Laufe eines Tages esst, trinkt und einatmet, hinterlassen diese Teilchen, die ihr am Morgen von der Sonne erhaltet, keinerlei Unreinheiten. Während ihr jeden Tag weiterhin wie gewohnt esst, trinkt und atmet, denkt daran, euch von diesem höheren Element, dem Sonnenlicht, zu ernähren. Diese Strahlen dringen auch schon ohne euer Zutun ganz natürlich in euch ein, aber ihr könnt sie viel besser aufnehmen, wenn ihr bewusster und wacher werdet!

Während ihr beim Sonnenaufgang seid, achtet besonders darauf, den ersten Strahl aufzufangen. Sobald er erscheint, stellt euch vor, dass ihr ihn einatmet, dass ihr ihn schluckt. Anstatt ihn also nur anzuschauen, trinkt und esst ihr ihn. Dieses lebendige Licht breitet sich in alle Zellen eurer Organe aus, es reinigt, stärkt und belebt sie. Diese Übung hilft euch nicht nur dabei, euch auf die Sonne zu konzentrieren, sondern ihr fühlt auch, wie euer gesamtes Wesen erschauert und sich erhellt, weil es euch gelingt, das Licht wirklich aufzunehmen.

Manchmal ist es euch nicht möglich, dem Sonnenaufgang beizuwohnen, oder ihr kommt zu spät, um die ersten Strahlen wahrzunehmen. Das ist natürlich schade, aber ihr solltet euch nicht damit aufhalten, es zu bedauern. Während die Stunden vergehen, sehen die Menschen auf der ganzen Erde nach und nach den Sonnenaufgang am Horizont. Man kann also sagen, dass sie unaufhörlich aufgeht. Weil die Erde sich dreht, gibt es immer einen Ort, an dem die Sonne aufgeht. Konzentriert euch also darauf und sucht sie. Wenn ihr sie gefunden habt, ist die Empfindung vielleicht weniger stark, als wenn sie real vor euch aufgeht, aber ihr nehmt trotzdem am Sonnenaufgang teil. Vergesst nie, dass es immer möglich ist, eine Arbeit mit dem Denken zu machen.

13 – Die Sonne als Wohnsitz unseres höheren Selbst

Die spirituelle Tradition nennt das göttliche Prinzip im Menschen »höheres Selbst«. Und eben dieses ist unser wahres Selbst. Wir können es auch entdecken, indem wir versuchen, uns in die Sonne hineinzuversetzen, wo es, symbolisch gesehen, seinen Wohnsitz hat und an der göttlichen Arbeit teilnimmt.

Damit es euch gelingt, euer höheres Selbst aufzusuchen, sagt euch, dass ihr gleichzeitig sowohl hier unten auf der Erde als auch oben in der Sonne verweilt. Bemüht euch, euch mit ihm zu identifizieren und werft von dort oben einen Blick auf das Wesen dort unten, das ihr ebenso seid, aber in einer noch unvollendeten, unvollkommenen Form eurer selbst. Eines Tages wird es euch gelingen, die Schwingungen eures irdischen Selbst mit denen eures himmlischen Selbst zu harmonisieren, und dann verspürt ihr das untrügliche Gefühl, euch selbst wiederzufinden. Denn jeder von uns wird eines Tages zu dem, wie Gott ihn gedacht und gewollt hat und wie er bereits in seinem wahren Selbst existiert. Allein diese Gewissheit kann allem, was ihr täglich erlebt, einen Sinn verleihen. Selbst wenn es schwierig ist, darf euch auf diesem Weg nichts aufhalten.

Während ihr den Sonnenaufgang betrachtet, lasst euch von diesem Leben, von diesem Licht vereinnahmen. Macht euch auf die Suche nach eurem höheren Selbst in diesem Strahlen, das Ausdruck der göttlichen Herrlichkeit ist. An dem Tag, an dem ihr es entdeckt, an dem es euch gelingt, euch mit ihm zu identifizieren, werdet ihr wissen, dass ihr niemals aufgehört habt, in seiner Kraft, in seiner Liebe und in seinem Licht zu leben und dass ihr durch dieses höhere Selbst hindurch an der Arbeit teilnehmt, die im Universum verrichtet wird.

14 – Der Sonnenmensch

Der ursprüngliche, vollkommene Mensch, den die kosmische Intelligenz zu Beginn in ihren Werkstätten erschaffen hat, ist der Sonne ähnlich, und alles, was von ihm ausströmt, ist von gleicher Quintessenz wie das Sonnenlicht.

Wenn ihr einmal gelernt habt, die Sonne zu betrachten, wenn ihr die Natur dieser Energie einmal verstanden habt und wisst, wie ihr sie durch das Entwickeln bestimmter feinstofflicher Zentren aufnehmen und assimilieren könnt, um sie anschließend um euch herum auszustrahlen, dann wird das, was von euch ausgeht, dem Sonnenlicht ähnlich. Es wird wirklich diese gleiche Kraft, diese gleiche Energie von eurem Gehirn, euren Augen, eurem Mund, euren Händen und eurem ganzen Körper ausgehen. Wie die Sonnenstrahlen wird sie in den Raum hinausstrahlen und ihren Segen nicht nur den Menschen, sondern auch den Tieren, Pflanzen und Steinen, der gesamten Natur, bringen.

15 – Wenn die Wolken die Sonne verdecken

An manchen Tagen kommt es morgens vor, dass die Sonne von Wolken verdeckt wird und die Bedingungen für eine Arbeit mit dem Denken nicht so günstig sind. Dann könnt ihr eure Aktivität verlagern: Anstatt sie im Gehirn, im Bewusstsein zu halten, lasst sie ins Unterbewusstsein, in den Solarplexus herabsinken. Gebt euch diesem kosmischen Ozean der Liebe und Glückseligkeit hin und bewahrt nur ein kleines wachendes Licht im Verstand, damit nichts Dunkles oder Unharmonisches in euch hineinkommt. Ihr denkt nicht, sondern spürt nur, dass ihr getragen werdet. Aber durch diese Empfindung gelangt ihr auch zu einer Art von Verständnis. Selbst wenn das Gehirn nicht beteiligt ist, erhaltet ihr Offenbarungen. Man kann sagen, dass klares Wetter dem Tag, dem für eine Aktivität des Gehirns günstigen Moment entspricht, während wolkiges Wetter hingegen der Nacht und damit einem für die Aktivität des Solarplexus günstigen Augenblick entspricht.

Das Gehirn ist der Sitz des Bewusstseins, während der Solarplexus der Sitz des Unterbewusstseins ist. Wenn ihr ins Unterbewusstsein hinabsteigt, das mit der kosmischen Unendlichkeit verbunden ist, tretet ihr in den Ozean des universellen Lebens ein. Durch den Solarplexus verschmelzt ihr mit der unendlichen Weite. Sei es nun tagsüber oder nachts, sonnig oder bewölkt, es gibt vom Morgen an immer eine innere Arbeit zu erfüllen.

Und hier ist noch ein Thema, über das ihr meditieren könnt.

Wenn die Sonne von Wolken verhangen ist, ist sie nicht verschwunden, sondern verbreitet weiterhin ihr Licht und ihre Wärme. Wenn dann die Wolken endlich verschwinden oder ihr hoch genug in die Atmosphäre aufsteigen könnt, stellt ihr fest, dass sie immer noch da ist. Sagt euch daher, dass Gott, so wie die Sonne, immer gegenwärtig und unveränderlich ist, Er sendet euch Sein Licht, das heißt Seine Weisheit, und Seine Wärme, das heißt Seine Liebe. Wenn es euch an diesem Licht und dieser Wärme mangelt, so kommt das daher, dass ihr aufgrund unharmonischer, egoistischer, missgünstiger Gedanken, Gefühle und Wünsche zugelassen habt, dass sich Wolken in euch bilden. Wie viele Leute behaupten, Gott existiere nicht oder beklagen sich, Er habe sie verlassen! Sie sollten sich über ihre inneren Wolken erheben, dann werden sie fühlen, dass die göttliche Sonne ewig scheint.

16 – Die Rückkehr zu den Alltagsaktivitäten

Nachdem man im Angesicht der Sonne meditiert hat, kommt immer der Augenblick, in dem man zu seinen Alltagsaktivitäten mit den Menschen zurückkehren muss. Wie schwierig ist es oft, sich von der Sonne und ihrem Licht loszureißen! Denn man hat dann das Gefühl, nach und nach das zu verlieren, was man Schönes, Poetisches und Lichtvolles erlebt hat. Auch ich hatte in der Vergangenheit oft dieses Gefühl, aber ich habe eine Methode gefunden. Während ich noch vor der Sonne meditierte, konzentrierte ich mich auf den Gedanken: »Wenn ich wieder herunterkomme – denn es ist wirklich ein Abstieg – dann wird das, was ich gerade erlebt habe, nicht ausgelöscht sein. Ich werde es nicht vergessen. Alle diese Empfindungen bleiben in mir und begleiten mich. Sie werden mich bei der Arbeit und inmitten der Schwierigkeiten erhellen und unterstützen.«

Es sollte keinen Schnitt geben. Alles, was wir oben im Licht erlebt und gefühlt haben, alles, was wir begriffen haben, muss mit uns herabsteigen und uns während des ganzen Tages in unseren Gedanken, Gefühlen und Handlungen begleiten. Damit uns dies gelingt, sollten wir jedes Mal eine Art Abdruck herstellen, der weiterhin wohltuende Wirkungen zeigt, während uns erneut die Pflichten des Familienlebens, des Berufslebens und des sozialen Lebens in Anspruch nehmen, denn diese dürfen wir auf keinen Fall vernachlässigen. Im Moment wo die Sonne aufgeht, ist die Zeit des Lichtes, der Weisheit: Wir empfangen. Später kommt die Zeit der Wärme, der Liebe: Wir geben.

15
Die Atemübungen, das Prana

Die Atemübungen sind Teil unserer täglichen Praxis. Sie sind sehr einfach und können mit wenigen Worten beschrieben werden.

1. Ihr verschließt mit dem Mittelfinger der rechten Hand das linke Nasenloch und atmet ein, während ihr bis 4 zählt.
2. Ihr haltet den Atem an, während ihr bis 16 zählt.
3. Ihr verschließt mit dem Daumen der rechten Hand das rechte Nasenloch und atmet aus, während ihr bis 8 zählt.

Ihr beginnt die Übung erneut, in umgekehrter Abfolge:

1. Das rechte Nasenloch wird mit dem Daumen der rechten Hand verschlossen und ihr atmet bis 4 ein.
2. Ihr haltet den Atem an, während ihr bis 16 zählt.
3. Ihr verschließt das linke Nasenloch mit dem Mittelfinger der rechten Hand und atmet bis 8 aus.

Die Übung wird für jede Seite 6 Mal wiederholt.

Ideal wäre es, diese Übungen in der Natur auszuführen, um von einer reineren Luft zu profitieren, denn aus der Luft können wir diese sehr kostbare Quintessenz aufnehmen, die die indischen Yogis »Prana« nannten.

Das Prana ist eine überall im Feuer, in der Luft, im Wasser und in der Erde verbreitete Lebensenergie; aber es wird vor allem von den Sonnenstrahlen transportiert und ist sehr früh am Morgen im Überfluss vorhanden. Man kann es mit einem Fluss von Leben vergleichen, der vom Gipfel eines hohen Berges herabströmt, es dringt in uns ein durch die Nasenlöcher und durch die Poren der Haut. Jedes Teilchen dieses Prana ist wie ein kristallines Tröpfchen, eine kleine schwebende, mit einer geistigen Essenz gefüllte Lichtkugel. Und durch die Atmung absorbieren wir einige dieser Lichttropfen.

Indem wir die Luft bewusst durch die Nasenlöcher strömen lassen, setzen wir bestimmte feinstoffliche Zentren in Bewegung, die daran arbeiten, ihre Quintessenz zu extrahieren. Ist diese Quintessenz einmal aufgenommen, beginnt sie zu zirkulieren, sie ist wie ein Feuer, das den Nervenverzweigungen entlang folgt, welche sich auf beiden Seiten der Wirbelsäule befinden. Genau wie das Blut durch die Venen, Arterien und Kapillaren kreist, kreist das Prana, dieses feinstoffliche Fluidum, durch unser Nervensystem. Von unserer Weise zu atmen, hängt also nicht nur unsere physische Gesundheit, sondern auch der Erwerb spiritueller Fähigkeiten und das Erwachen der Chakras ab.

16

Der Übergang von der physischen zur spirituellen Ebene

Man hat nur zu oft die Gewohnheit, die psychischen und geistigen Ebenen von der materiellen Ebene zu trennen. Aber in Wirklichkeit gibt es keine echte Trennung. Im Menschen vollzieht sich nur ein allmählicher Übergang von einer Ebene zur anderen, durch die Vermittlung feinstofflicher Zentren und Organe, die in gewisser Weise eine Verlängerung der physischen Zentren und Organe sind. Man kann diese Zentren (den Solarplexus, die Chakras, das Hara Zentrum) als Transformatoren sehen, die es uns ermöglichen, auf harmonische Weise auf den unterschiedlichen Ebenen zu leben, dank eines fortwährenden zwischen ihnen stattfindenden Kommens und Gehens. Genau das ist in Wirklichkeit spirituelle Alchimie: diese ständige Umwandlung der physischen, dichten, undurchsichtigen Materie in eine fluide, ätherische Materie; und umgekehrt, die Diffusion dieser feinstofflichen Materie durch den physischen Körper, der dank ihr belebt wird und sich regeneriert.

1 – Die Kundalinikraft

Die Wirbelsäule hat bei den Menschen im Allgemeinen nur eine anatomische und physiologische Funktion. Doch die indischen Yogis lernten schon von alters her, sie zu einem Werkzeug für ihre spirituelle Arbeit zu machen. Dank verschiedener Techniken gelingt es ihnen, die Kundalinikraft zu erwecken, die an der Basis des Rückenmarks schlummert, um sie durch die feinstofflichen Zentren, die sie »Chakras« nennen, aufsteigen zu lassen.

Die Kundalinikraft ist im Menschen ein Aspekt der kosmischen Kraft, die das Universum geschaffen hat. Heute, wo sich die Menschen des Abendlandes für die indische Spiritualität öffnen, erscheinen viele Bücher, die deren Praktiken bekannt machen. Aber ich muss euch vorwarnen: Von diesen Praktiken profitieren nur diejenigen, die sich lange darauf vorbereitet haben. Man kann das zwar lesen und kennen lernen, aber man muss vorsichtig damit sein. Nur wenige Menschen sind wirklich in der Lage, mit der Kundalinikraft zu arbeiten, denn sie ist ein Feuer, das Verwüstungen anrichten kann.

Das Schwierigste ist nicht, diese Kraft zu erwecken, das Schwierigste ist, sie zu lenken, weil die von ihr eingeschlagene Richtung nicht vom Willen des Menschen abhängt, sondern von den moralischen Tugenden, die zu entwickeln er gelernt hat. Es ist also ratsam, sie nicht zu wecken, bevor man lange an der Selbstbeherrschung, der Reinheit und auch der Demut gearbeitet hat. Wenn die Kundalinischlange erwacht, bewegt sie sich in die Richtung, in der sie Nahrung findet. Wenn es die niedere Seite ist, die ihr diese Nahrung bietet, geht sie dort hin, und der Mensch wird zur Beute schrecklicher Leidenschaften, die er nicht mehr kontrollieren kann, wie Sinnlichkeit, Gier, Hochmut und Machtinstinkt. Auf diese Weise erwartet ihn der Abgrund, der wahre Abgrund. Wird die Kundalinikraft jedoch von der höheren Seite angezogen, dann erlangt der Mensch das wahre Wissen, die wahre Macht und er kostet die Glückseligkeit.

Das Aufsteigen der Kundalinikraft vollzieht sich durch den Kanal Sushumna, der sich im Rückenmark befindet: Dieser muss daher von allen Unreinheiten befreit worden sein, die ihren Aufstieg behindern könnten. Auf beiden Seiten dieses mittleren Kanals steigen die beiden Ströme Ida (negativ polarisiert, mit dem Mond verbunden, eine weibliche Kraft) und Pingala (positiv polarisiert, mit der Sonne verbunden, eine männliche Kraft) in Form einer spiralförmigen Bewegung auf und kreuzen sich mehrmals. Der Strom Ida mündet im linken und der Strom Pingala im rechten Nasenloch. Die Yogis bewirken das Erwachen der Kundalinikraft und deren Aufstieg durch den Kanal Sushumna also vor allem durch das Praktizieren von Atemübungen.

Der Kanal Sushumna mit den beiden Strömen Ida und Pingala, die zu seinen beiden Seiten kreisen, werden auch in der abendländischen Tradition symbolisch dargestellt; und zwar durch den Hermesstab, einem vertikalen Stab, an dem sich zwei Schlangen hinaufwinden. Die Ärzte und Apotheker haben ihn zu ihrem Symbol gemacht, aber warum? Das wissen auch sie selbst nicht immer. In Wirklichkeit repräsentiert der Hermesstab eine ganze Philosophie und eine Lebensdisziplin, die sich auf die Kenntnis der beiden Prinzipien, Männlich und Weiblich, gründen. Er erinnert uns daran, dass wir mit den beiden Strömen Positiv und Negativ, die in uns und im Universum kreisen, arbeiten sollen.

Ein Eingeweihter ist derjenige, der es gelernt hat, mit diesen beiden Strömen zu arbeiten. Je weiter er in seiner Arbeit vorankommt, desto mehr erlangt er Macht über die Natur und vor allem über sich selbst. Die sexuelle Energie, die zu sublimieren ihm gelungen ist, projiziert ihn in die höheren Regionen des Bewusstseins, was durch die beiden an der Spitze des Stabes befindlichen Flügel symbolisiert wird. Denn genau wie die nicht beherrschte Sexualkraft den Menschen in Abgründe stürzen kann, kann sie ihn, wenn sie kontrolliert wird, in die unendlichen Räume des Lichtes projizieren, in denen er sich frei bewegt.

Ihr führt jeden Morgen die von unserer Lehre empfohlenen Atemübungen durch. Während ihr das rechte Nasenloch verschließt und die Luft durch das linke Nasenloch einatmet, setzt ihr einen Strom in Bewegung, der durch den Kanal Ida verläuft. Dieser Strom durchfließt das Muladhara-Chakra, wo die Kundalini schläft, und gibt ihr dadurch einen leichten Impuls. Während ihr das linke Nasenloch verschließt, atmet ihr durch das rechte Nasenloch ein und der Strom, der durch den Kanal Pingala fließt, gibt ihr ebenso einen Impuls. Achtet auf die Position der Wirbelsäule, um sie so gerade wie möglich zu halten. Die richtige Haltung der Wirbelsäule ist sehr wichtig für die Zirkulation der Ströme.

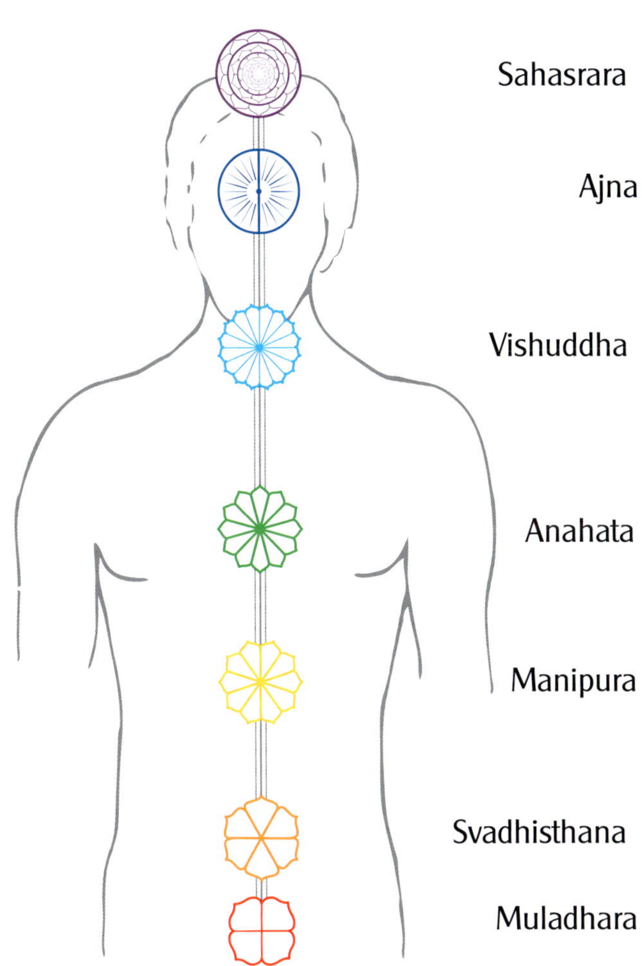

Die 7 Chakras

2 – Die Chakras

Seit Jahrtausenden lehren die indischen Yogis auch, dass der Mensch jenseits des physischen Körpers, in seinem Äther- und Astralkörper feinstoffliche Zentren besitzt, die auf der Achse der Wirbelsäule angeordnet sind. Sie nannten diese Zentren Chakras, ein Wort aus dem Sanskrit, das »Räder« bedeutet, weil sie von einer kreisenden Bewegung angetrieben werden. Sie nennen sie auch Lotus, weil sie sie wie Blumen wahrnehmen; sie gaben sogar ihre Farbe und die Anzahl ihrer Blütenblätter an.

Diese sieben Chakras verteilen sich von unten nach oben wie folgt:

- An der Basis der Wirbelsäule: Muladhara, der vierblättrige Lotus.
- Oberhalb der Geschlechtsorgane: Svadhisthana, der sechsblättrige Lotus.
- In der Region des Bauchnabels und des Solarplexus: Manipura, der zehnblättrige Lotus
- In der Herzregion: Anahata, der zwölfblättrige Lotus
- An der Vorderseite des Halses: Visuddha, der sechzehnblättrige Lotus
- Zwischen den Augenbrauen: Ajna, mit zwei großen Blütenblättern, die jeweils in achtundvierzig Blütenblätter aufgeteilt sind, also sechsundneunzig Blütenblätter.
- Am höchsten Punkt des Kopfes: Sahasrara, der tausendblättrige Lotus (in Wirklichkeit neunhundertsechzig mit einer zwölfblättrigen Blüte in der Mitte, was neunhundertzweiundsiebzig Blütenblätter ergibt). Die zwölf Blütenblätter im Zentrum sind goldgelb, während die neunhundertsechzig äußeren violett sind und die beiden Blüten in gegenläufige Richtungen kreisen.

Selbst wenn man im physischen Körper keine Spur der sieben Chakras findet, weil sie zum Ätherkörper gehören, sind unsere Körperorgane ihrem Einfluss unterworfen. Bei fast allen Menschen sind diese Zentren inaktiv, und um sie zu stimulieren, bemüht sich der Yogi, die Kundalinikraft zu erwecken, die an der Basis der Wirbelsäule schlummert. Man stellt diese Kraft als eine im Zentrum des Muladhara Chakras dreifach eingerollte Schlange dar; und wenn sie erwacht, steigt sie, wie eine Flamme, spiralförmig an der Wirbelsäule entlang empor. Sie hält bei jedem Chakra inne, und es heißt, sie verschweiße mit ihrer Zunge die einzelnen Elemente, die ihre Drehung ermöglichen. Denn die Fähigkeiten jedes Chakras offenbaren sich erst in dem Moment, in dem es sich zu drehen beginnt.

Die Chakras unterscheiden sich also voneinander durch die Anzahl und die Farbe ihrer Blütenblätter, das heißt, durch die Frequenz und Intensität ihrer Vibrationen, sowie durch die Gottheiten, deren Wohnsitz sie sind. Indem sie erwachen, belebt jedes von ihnen im Menschen eine neue Tugend, eine neue Fähigkeit: Muladhara die Lebensenergie; Svadhisthana die Schöpferkraft; Manipura das kollektive Bewusstsein; Anahata die universelle Liebe; Visuddha die Weisheit; Ajna die Hellsichtigkeit; Sahasrara die Allmacht und die Freiheit.

Die indischen Yogis geben über jedes Chakra sehr detaillierte Erklärungen ab, aber ihr benötigt diese nicht, um eure Arbeit zu machen, es genügt, wenn ihr über ihre Existenz Bescheid wisst. Ihr könnt euch auf sie konzentrieren, solltet aber wissen, dass ihr vor allem durch eure Lebensweise zu ihrem Erwachen beitragt. Ich sage euch hier also nur ein paar Worte über sie und beschränke mich dabei auf das Wesentliche.

Das Herzchakra, Anahata, ist das Zentrum der universellen Liebe; diese so weite und uneigennützige Liebe erweckt im Menschen die wahre Intelligenz, die Intuition. Ihr könnt dieses Chakra zeichnen und sogar sticken, um es an euch, in der Nähe eures Herzens, zu tragen, dann wird es euch leichter fallen, euch darauf zu konzentrieren.

Das Herzchakra: Anahata

Visuddha ist das Kehlkopfchakra. Ihr entwickelt es, wenn ihr euch während eurer Meditationen darin übt, zuzuhören: Ohne an etwas zu denken, lauscht ihr einer Stimme. Tut so, als würdet ihr mit euren beiden Ohren hören. In Wirklichkeit wird dabei ein drittes Ohr erwachen. Am Anfang hört ihr vielleicht nichts, wenn ihr jedoch mit dieser Übung fortfahrt, werdet ihr schließlich eine innere Stimme hören, die so fein und subtil ist, dass man sie manchmal als »Stimme der Stille« bezeichnet. Diese Stimme spricht nicht unbedingt mit Worten zu euch; sie ist vor allem eine Empfindung, die Empfindung, erhellt, geführt und beschützt zu sein, ihr spürt, dass ihr mit der Unendlichkeit Zwiesprache haltet. Der erste Ausdruck dieser Stimme ist das Licht.

Zwischen den Augen befindet sich das Ajna Chakra, das man auch »das dritte Auge« nennt. Atmet langsam und lasst euch wie auf einem Licht-Ozean treiben, indem ihr euch auf es konzentriert. Nach und nach werdet ihr in diesem Zustand der Passivität, der in Wirklichkeit eine andere Form von Aktivität ist, fühlen, wie sich Friede und Harmonie in euch ausbreiten; dank dieses Friedens, dieser Harmonie, werdet ihr Energieströme aus der Atmosphäre anziehen, die euer mentales Leben nähren.

Ihr könnt euch auch vorstellen, dass ihr mit eurem inneren Auge die Erde, den Himmel, den Raum und die unzähligen Geschöpfe seht, die die sichtbaren und unsichtbaren Welten bewohnen. Betrachtet sie einfach so, mit viel Liebe, und euer spirituelles Auge wird sich nach und nach öffnen. Ajna Chakra ist das Zentrum der Wachsamkeit. Deshalb wird es auch »der ewige Wächter« genannt. Wer daran arbeitet, es zu entwickeln, der erreicht einen solchen Grad an Bewusstheit, dass er sogar während des Schlafes wach bleibt: Sein wachender, klarer Geist geht auf die Reise, trifft andere Wesen und kontempliert die Wunder des Universums.

Ajna Chakra wurde also mit einem Auge verglichen, aber auch mit einer Kristallkugel, einem magischen Spiegel, denn es besitzt die weiblichen Tugenden der Empfänglichkeit. Auf diesem Spiegel spiegeln sich die Bilder von Ereignissen, die in den sichtbaren und unsichtbaren Welten geschehen. Aber wer dieses Chakra entwickelt hat, besitzt nur die Fähigkeit des Sehens, die Fähigkeiten zu handeln sind ihm nicht gegeben. Nur wer es geschafft hat, die Kundalinikraft bis zum Sahasrara Chakra aufsteigen zu lassen, das eine männliche, emissive, dynamische Macht ist, erlangt die wahren Kräfte. Das Ziel des Yogi, der mit der Kundalinikraft arbeitet, ist also, beide, die männliche und die weibliche Kraft des Sahasrara und Ajna Chakras in sich vereinen zu können.

Die innere Welt des geistigen Schülers ähnelt zunächst einem Garten voller Gestrüpp, Disteln und Dornen. Es sind die Instinkte und niederen Begierden, die er in sich unterhält. Wenn er diesen Garten endlich gesäubert hat, wird ihn nichts mehr aufhalten, auf dem Weg des Lichtes, der nach oben führt, und er wird eines Tages spüren, dass sich die tausend Blütenblätter des Lotus Sahasrara, eines nach dem anderen, am Scheitelpunkt seines Kopfes öffnen. Aber das Erwachen der Chakras muss, wie auch das Erwachen der Kundalini, mit viel Vorsicht geschehen.

Ich habe euch einige einfache Methoden gegeben, um an den Chakras Anahata, Visuddha und Ajna zu arbeiten. Jetzt kann ich eine weitere Methode hinzufügen, die für alle Chakras gültig ist, nämlich das Singen. Singen erzeugt Wellen, die die feinstofflichen Zentren in uns in Schwingung versetzen. Natürlich geht es nicht darum, irgendwelche beliebigen Lieder zu singen. Allein die Schwingungen von tiefgründigen, mystischen Liedern, die in dem Bewusstsein der sie repräsentierenden spirituellen Kraft und mit dem Wunsch, sich mit der kosmischen Ordnung zu harmonisieren, gesungen werden, können damit beginnen, die schlafenden Zentren zu erwecken.

Wir haben in der Universellen Weißen Bruderschaft ein großes Repertoire an mystischen Liedern, die von Meister Peter Deunov komponiert wurden. Wenn es euch gelingt, sie in der Überzeugung zu singen, dass Singen eine heilige Handlung ist, durch die man mit der gesamten Schöpfung in Resonanz tritt, werden einige dieser Lieder in eurer Wirbelsäule eine lebendige Kraft erwecken, die nach und nach in euch aufsteigen wird, bis sie durch das Chakra Sahasrara austritt. Dies ist eine Erfahrung, die ihr zweifellos noch nicht gemacht habt, oder ihr habt sie nur flüchtig erlebt. Wenn ihr diese Empfindung einmal in ihrer Fülle kennen lernt, werdet ihr den Reichtum und die Macht des Singens für die Entwicklung des spirituellen Lebens verstehen.

3 – Das Harazentrum

Seit Jahren unterweise ich euch, indem ich euch nur die höhere Welt, das heißt, die Welt der Bewusstheit und Klarheit, präsentiere. Aber in Wirklichkeit bereite ich euch damit nur darauf vor, anschließend in die Tiefen eures Wesens hinabsteigen zu können. Um sich vollständig zu entwickeln, muss man beide Regionen kennen und in ihnen arbeiten: die obere und die untere. Oben ist das Gehirn, unten ist das Zentrum, welches die Weisen in Japan »Hara« (Bauch) genannt haben. Es liegt ungefähr vier Zentimeter unterhalb des Nabels. Sie lehren uns, dass sich der Mensch durch dieses Zentrum mit der Quelle des universellen Lebens verbindet. Indem er an ihm arbeitet, lädt er sich mit neuen Energien auf, die Spannungen lösen sich, die gegensätzlichen Ströme harmonisieren sich, und er scheint beinahe nie zu ermüden.

All jene, die gelernt haben, mit dem Harazentrum zu arbeiten, fallen auch durch ihre Ausgeglichenheit auf. Viele der Anomalien, die heute bei den Menschen des Abendlandes auftreten, kommen daher, dass sie das Gleichgewicht gestört haben, sie haben ihren Schwerpunkt verlagert: Anstatt ihn in eben diesem Zentrum zu belassen, verlegen sie ihn ins Gehirn, welches in Wirklichkeit die Peripherie des Menschen darstellt. Es gibt zu viele Sorgen, zu viele Probleme, die gelöst werden müssen, zu viel Gehirnaktivität. Wenn sie dann mit unvorhergesehenen Ereignissen konfrontiert werden, wenn sie starke Emotionen oder Erschütterungen erleben, werden sie davon zu Boden geworfen. Da sie dieses Zentrum, von dessen Existenz die meisten übrigens gar nichts wissen, vernachlässigt haben, funktioniert es nicht und kann keinerlei Abhilfe schaffen. Hätten sie gelernt, sich auf das Hara zu konzentrieren, wären sie in der Lage, die Stirn zu bieten, egal wie stark ihre nervlichen Energien strapaziert würden.

Um richtig zu funktionieren, muss das Harazentrum die Ausstrahlungen der Universalseele aufnehmen, sich also mit ihr harmonisieren. Deshalb solltet ihr täglich darauf achten, dass in euch

Ordnung herrscht, damit diese Ströme nicht abgelenkt werden. Für den Anfang kann ich euch eine sehr einfache Übung aufzeigen. Legt, während ihr meditiert, eure beiden Hände auf den Bauch, und konzentriert euch dabei auf diese Region des Hara. Aber Vorsicht: Ihr dürft diese Übung nur in einem Geist der Reinheit, der Uneigennützigkeit, der Selbstlosigkeit ausführen, sonst werden andere, tiefer liegende Zentren und damit andere Begierden erwachen, was das Risiko schwerer psychischer Störungen mit sich bringen würde.

Das Harazentrum stellt die dunklen Tiefen des Menschen dar, und diese Regionen sind gefährlich für jemanden, der sich dort hineinbegibt, ohne unterrichtet zu sein. Man muss also damit beginnen, sie von oben her zu erforschen. Wenn man schließlich ausreichend gestärkt und gewappnet ist, kann man herabsteigen, um die dort angesammelten Reichtümer zu entdecken. Gold, Edelsteine und Edelmetalle, Kohle und Erdöl, all diese Reichtümer sind in den Tiefen der Erde verborgen. Auf der psychischen Ebene gilt das Gleiche wie auf der physischen Ebene: Alle Ressourcen sind unten, in den Tiefen, nicht oben. Aber unten sind auch die Hölle und die Ungeheuer, und wer sich nicht zu schützen gelernt hat, bevor er hinabsteigt, wird verschlungen. Deshalb gibt ein geistiger Meister, der vor allem ein Pädagoge ist, seinen Schülern zu Anfang die Waffen, die sich oben, auf der Mentalebene befinden.

Die Psychoanalytiker haben die Erforschung des Unterbewusstseins unternommen, aber sie sind noch weit davon entfernt, die Geheimnisse des Harazentrums zu kennen. Und sie wissen auch nicht, wie dieses in den Tiefen des Unterbewusstseins verborgene Zentrum mit dem Überbewusstsein verbunden ist. Wenn die Eingeweihten davon sprechen, den Kopf der Schlange mit ihrem Schwanz zu vereinen, indem sie dieses Symbol der sich in den Schwanz beißenden Schlange verwenden, dann meinen sie genau das Zusammentreffen, das Verbinden des untersten Zentrums mit dem Zentrum ganz oben im Gehirn: dem Sahasrara Chakra am Scheitelpunkt des Kopfes. Aber um sich nicht zu verirren, muss man sich zunächst an zugänglichere Begriffe halten und einfache Übungen ausführen. Das spirituelle Leben hat auch sein Programm.

Bevor man versucht, in die Tiefen hinabzusteigen oder sich in die Höhen aufzuschwingen, muss man klar sehen, sich reinigen, sich stärken. Es erwarten euch so viele außergewöhnliche Erfahrungen, aber ihr müsst euch vorbereiten.

17
Die Mystische Rose

Es war für mich ein großes Privileg, schon sehr früh auf meinem geistigen Weg auf das Symbol der mystischen Rose gestoßen zu sein. Ich war siebzehn Jahre alt, als ich eines Tages das Bedürfnis verspürte, eine Form, eine geometrische Figur zu finden, deren Betrachtung mir Licht, Harmonie und Frieden bringen würde. Nach einigen Versuchen habe ich mich mit dem Kreis beschäftigt. Indem ich den Radius dieses Kreises als Maßstab nahm, unterteilte ich die Kreislinie in sechs Bereiche und zeichnete sechs Kreise, in denen ich die sechs Farben des Prismas anordnete: Violett, Blau, Grün, Gelb, Orange, Rot. So hatte ich ganz einfach jene Figur gezeichnet, die man Rosette oder Mystische Rose nennt.

Jeder kennt diese Figur, und ich habe ihre Reichtümer jahrelang weiter erforscht. Sie zu betrachten, tauchte mich in einen Zustand des Entzückens. Sie stellte für mich die Vollkommenheit dar. Ich hatte sie tief in meiner Seele verborgen und begoss sie unablässig mit meiner Liebe, denn ein Symbol ist wie ein Samenkorn, das man aussäen und in sich zum Wachsen bringen muss, indem man es mit Wasser, Wärme und Licht versorgt. Schließlich sah ich ihre Blüten erscheinen und ernte noch heute ihre Früchte, von denen ich mich ernähre.

Nach und nach habe ich mich auch mit dieser Rose identifiziert. Ich fühlte mich auf eine Bewusstseinsebene versetzt, wo uns die Mysterien der Ursprünge enthüllt werden. Das ist zweifellos der Grund, warum es mir eines Tages, als ich wieder einmal ihre Umrisse zeichnete, so schien, als würde etwas fehlen. Während ich suchte, ließ mich ein plötzlicher Impuls die ersten Verse des Johannesevangeliums unter die Zeichnung schreiben: »Im Anfang war das Wort, und das Wort war bei Gott, und Gott war das Wort. Dasselbe war im Anfang bei Gott. Alle Dinge sind durch dasselbe gemacht, und ohne dasselbe ist nichts gemacht, was gemacht ist« (Jh 1,1).

So habe ich entdeckt, dass die Mystische Rose ein Symbol der sechs Schöpfungstage ist. Der siebte Kreis, dessen Kreislinie durch die Mitte der sechs anderen Kreise geht, formt ihr Herz; das ist der siebte Tag, der Tag, von dem es heißt, Gott habe geruht. Aber dieses Ausruhen Gottes war in Wirklichkeit eine andere Arbeit, eine viel höhere Arbeit als die der sechs ersten Tage, die nur eine Vorbereitung waren. Danach habe ich mein ganzes Leben lang weiterhin diese ersten Verse des Johannesevangeliums vertieft und über sie meditiert. Heute weiß ich, warum ich die Figur der Mystischen Rose so vervollständigt habe.

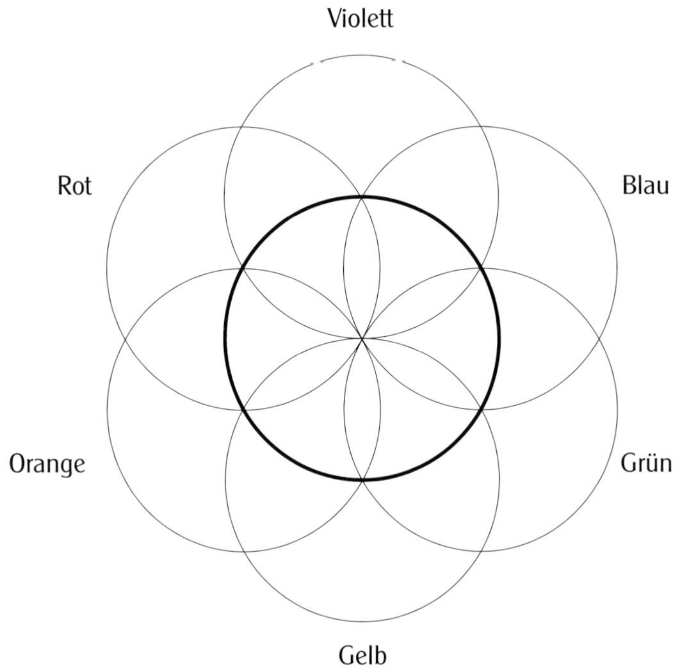

Was lehrt uns diese Figur noch? Sie besteht aus drei Teilen, wie drei Blüten, die sich gegenseitig durchdringen. In diesen drei Blüten kann man die drei Ebenen, die Mentalebene, die Astralebene und die physische Ebene sehen. Sie ist also eine Synthese des Menschen und seiner Aktivitäten. Wenn man den Linien einer dieser Blumen folgt, durchläuft man einen anderen Weg, als wenn man einer der beiden anderen gefolgt wäre. Das Herz dieser drei Blüten, das Zentrum der Rosette, das ist die Sonne, unser höheres Selbst. Indem wir uns auf den Rändern der Blütenblätter bewegen, entfernen wir uns von ihm oder nähern uns ihm abwechselnd an.

Diese dreifache Rosette finden wir auch in unserem physischen Körper wieder. Wo? In der Hand. Schaut eure Hand an: Wenn ihr den drei sie durchlaufenden Hauptlinien folgt, werdet ihr feststellen, dass sie Halbkreise bilden. Der längste dieser Halbkreise entspricht der Saturnlinie. Für jeden Menschen sind diese Linien unterschiedlich, und jeder besitzt daher nur einige Segmente der großen kosmischen Rose. In der vollständigen Rose liest man die Struktur des Universums, sie ist die vollkommene Hand Gottes.

Vielleicht werdet ihr die tiefgründige Bedeutung der Mystischen Rose nicht sofort verstehen. Aber indem ihr diese Darstellung vollkommener Harmonie kontempliert, erschafft ihr zumindest Verbindungen zu ihr und werdet spüren, wie ein tiefer Friede in euch einzieht.

18
Die zwölf Tore unseres Körpers

Die Apokalypse, das letzte Buch des neuen Testaments, endet mit der Vision einer Stadt, dem Neuen Jerusalem, das vom Himmel herabkommt. Diese Stadt hat die Form eines Würfels, der als geometrische Figur die Materie symbolisiert; und in ihren Mauern öffnen sich zwölf Tore: drei im Norden, drei im Süden, drei im Osten, drei im Westen. In Wirklichkeit wird niemals irgendeine Stadt vom Himmel herabkommen. Das Neue Jerusalem ist ein Symbol für unsere Erde und seine zwölf Tore repräsentieren die zwölf Tierkreiskonstellationen, durch die sich die im Universum wirkenden Kraftströme und unsichtbaren Entitäten einen Weg bahnen und auf sie Einfluss nehmen.

Diese zwölf Tore des Universums findet man auch in unserem physischen Körper wieder. Da sind zunächst zehn: unsere beiden Augen, die beiden Ohren, die beiden Nasenlöcher, der Mund, die beiden Brustwarzen, der Nabel, und dann gibt es weiter unten noch zwei weitere Tore. Und genau so, wie die Tore des Tierkreises ein Durchgangsort für die kosmischen Einflüsse sind, ermöglichen die Tore unseres physischen Körpers das Eintreten dieser Einflüsse in uns. Denn der Mensch als Mikrokosmos im Makrokosmos wurde in den Werkstätten des Schöpfers so gebaut, dass er mit dem gesamten Universum in Austausch treten kann.

Es heißt, jedes Tor des Neuen Jerusalem sei eine Perle, und ein Engel halte sich an jeder dieser Türen auf. Die Perle, die das Licht auf ihrer Perlmutt-Oberfläche einfängt und fixiert, ist ein Symbol der Reinheit. Und weil sie aus dem Meer stammt, hat sie Verbindungen zum Wasser; vergesst das nicht, wenn ihr euch wascht.

Denkt während eurer Meditationen auch daran, euch auf das Bild des Neuen Jerusalem zu konzentrieren. Diese Stadt steht auch für jeden Menschen, der eine lange Arbeit der Reinigung vollbracht hat. Deshalb heißt es, ein Engel stehe vor jedem der zwölf Tore; es sind die Tore des physischen Körpers. Was ist ein Engel? Eine reine Energie. Und diese Energie, welche die segensreichen Einflüsse anzieht, hat ebenso die Fähigkeit, die negativen Ströme umzuwandeln, die in ihn eindringen wollen. Vor den Toren all jener, die daran arbeiten, aus ihrem Wesen ein Neues Jerusalem zu machen, wachen Engel.

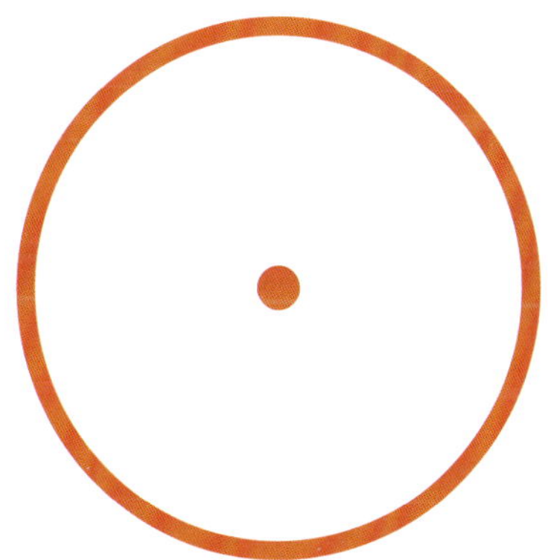

19

Möge die Liebe der Menschen mit der Liebe Gottes verschmelzen

Die wahre Nächstenliebe, diejenige, die von Jesus und von allen wahren Eingeweihten gelehrt wird, besteht darin, sich auf die höhere Natur der Menschen zu konzentrieren, um ihnen dabei zu helfen, in ihrem Inneren die Königswürde des Geistes wiederherzustellen. Ihr wendet vielleicht ein, dies sei sehr schwierig. Ja, aber ihr bekommt von mir eine Übung.

Bemüht euch, euch in Gedanken sehr hoch hinaufzuprojizieren, um jenes Wesen zu erreichen, das alle Geschöpfe in sich trägt und mit Seiner Substanz ernährt. Fragt Ihn, wie Er die Zukunft der Menschheit plant, welche Pläne Er für sie und für ihre Weiterentwicklung hat. Denn das ist das einzig wirklich Wichtige: wie Gott die von ihm geschaffenen Menschen sieht und ihre Zukunft. Macht diese Übung so lange, bis ihr spürt, dass ihr in einem Ozean reinen Lichts, dem Ozean der göttlichen Liebe, aufgeht. Dort, und nur dort, gelangt ihr zu der Bewusstseinsebene, wo ihr spürt, was die Liebe Gottes für seine Geschöpfe ist. Also beginnt auch ihr zu lernen, wie ihr sie lieben könnt.

20
Am Wirken der Universalseele teilnehmen

Welche Stufe der Entwicklung ihr auch immer erreicht haben mögt, bemüht euch darum, immer weiter an der Erforschung eures Bewusstseins und der Entwicklung eurer spirituellen Fähigkeiten zu arbeiten. Was ihr auf diese Weise gewinnt, kann euch niemand nehmen, weil es eine Arbeit ist, die ihr zunächst in euch selbst verwirklicht, dort, wo außer euch selbst kein anderer Zugang hat. Selbst wenn euch bestimmte Ereignisse zwingen sollten, eure gewohnten Aktivitäten aufzugeben, könnt ihr diese innere Arbeit verrichten, überall und unter jeglichen Umständen, denn ihr habt immer einen Verstand, ein Herz und einen Willen.

Dazu nun eine Anleitung. Verharrt zunächst lange in Regungslosigkeit und Stille, und dann beginnt, euch in Gedanken zu erheben. Stellt euch vor, ihr verlasst nach und nach euren physischen Körper, indem ihr durch die Scheitelöffnung austretet. Fahrt fort, indem ihr euch vorstellt, dass ihr nicht nur euren Astral- und Mentalkörper durchquert, sondern auch euren Kausal- Buddhi- und Atmankörper und dass ihr euch mit der Universalseele verbindet, jenem kosmischen Prinzip, das den Raum erfüllt, und dass ihr an ihrer Arbeit in allen Regionen des Universums teilnehmt. Ihr wisst dabei vielleicht nicht ganz klar, was ihr gerade tut, aber euer Geist, er weiß es.

21
Die Macht eines kollektiven Bewusstseins

1 – Um die richtigen Entscheidungen zu treffen

Warum haben so viele Personen, die sich aufrichtig darum bemühen, gemeinsam für das Wohl einer Gemeinschaft zu arbeiten, Probleme, sich zu verstehen? Weil sie nicht wissen, wie sie vorgehen sollen. Bevor sie ihre Vorschläge darlegen und mit den anderen diskutieren, müssen sie sich Mühe geben, über ihren gewöhnlichen Bewusstseinszustand hinauszugehen, indem sie sich mit der Welt des Lichtes verbinden. Auf diese Weise werden ihre Gedanken und Wünsche, befreit von allen verdunkelnden und schweren Elementen, fern im Raum Wesenheiten berühren, die sie inspirieren. Man zieht diese Wesenheiten an, indem man in seinem Inneren harmonische Zustände erschafft; es gibt keine andere Möglichkeit als diese, um Lösungen für Probleme zu finden und die Situationen zu verbessern.

Täglich kann man beobachten, wie zahlreiche Versammlungen und Debatten nur dazu dienen, Gedanken und Gefühle aufzuwühlen, die die Menschen auf den unteren Ebenen ihres Bewusstseins zurückhalten! Deshalb kommt bei ihren Diskussionen nichts Gutes heraus. Anstatt um jeden Preis seinem eigenen Standpunkt zum Sieg verhelfen zu wollen, den man natürlich für den besten hält, sollte jeder innerlich versuchen, sich auf eine andere Ebene zu erheben und um die rechte Inspiration bitten. Vergesst das nicht, wenn ihr euch versammelt, um über eine Situation oder ein Vorhaben zu sprechen. Wenn es euch gelingt, eure Gedanken zu einen, wird euch jede harmonische Schwingung in Verbindung mit der großen kosmischen Harmonie bringen; und dann besteht eine Chance, dass ihr gute Lösungen findet.

2 – Die Anwendung des Laserstrahls im spirituellen Leben

Individuell und isoliert von den anderen sind unsere Möglichkeiten begrenzt. Unsere Stärke beruht auf der Einheit, auf der Harmonie, die wir miteinander erschaffen können. Denkt daher so oft wie möglich an diese universelle Familie, die ihr bilden sollt, trotz eurer Unterschiede in Charakter, Temperament, Entwicklungsstufe und Tätigkeiten. Das sind alles Eigenheiten ohne jegliche Bedeutung, sie spielen im spirituellen Leben nicht die geringste Rolle. Stärkt in euren Herzen allein die Überzeugung, dass ihr, so unterschiedlich ihr auch sein mögt, doch alle Mitglieder dieser Universellen Bruderschaft seid, deren Ursprung sich nicht hier auf der Erde, sondern in der göttlichen Welt befindet. Jegliche Unternehmung führt nur dann zu günstigen Ergebnissen, wenn die Menschen sich dessen bewusst sind, dass sie nicht als getrennte Individuen, sondern als Mitglieder eines kollektiven Körpers, dessen Kopf oben im Himmel ist, handeln sollen.

Wenn wir uns in unseren brüderlichen Zentren treffen, so tun wir dies nicht nur weil es Spaß macht, Freunde zu treffen oder die Zeit auf angenehme Weise zu verbringen. Wir treffen uns, um gemeinsam eine bewusste Arbeit für das Licht und mit dem Licht zu verrichten. Denn es gibt in der Welt keine höhere Macht als die Macht des Lichtes. Die Physiker, die den Laserstrahl erzeugen konnten, haben das unter Beweis gestellt.

Der Laserstrahl besteht aus Photonen gleicher Frequenz (er ist also ein monochromatisches Licht), die in die gleiche Richtung und phasengleich (er ist also auch ein kohärentes Licht) ausgesendet werden. Dies ist das Entscheidende an der Entdeckung des Lasers, denn ein monochromatisches und kohärentes Licht ist äußerst wirksam.

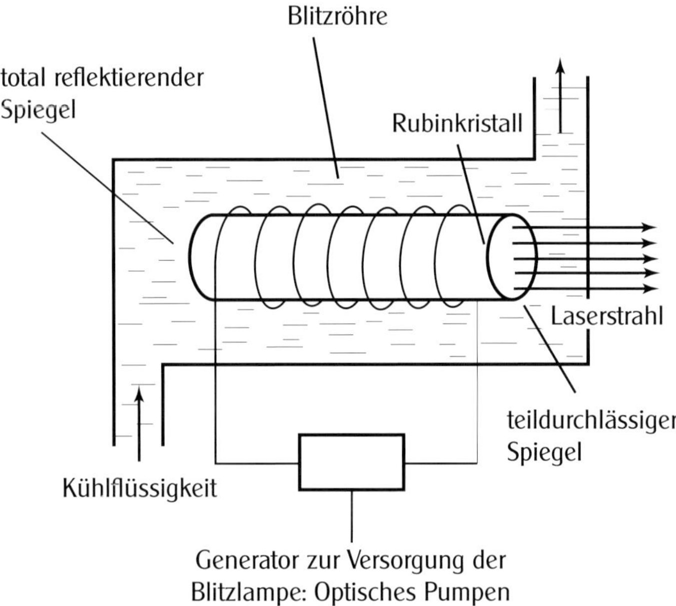

Da jedes physikalische Phänomen auf der psychischen und auf der spirituellen Ebene seine Entsprechung hat, ist jeder Mensch in der Lage, auch selbst einen Laserstrahl zu erzeugen. Und wie? Indem er sich bemüht, zunächst in sich selbst Einheit herzustellen, zwischen seinem Geist, seiner Seele, seinem Verstand, seinem Herzen und seinem Willen. Es ist wichtig, dass jeder diese innere Einheit verwirklicht, zuerst für sich selbst, für seine Vervollkommnung und anschließend, um an einer kollektiven Arbeit im Dienste eines göttlichen Ideals teilnehmen zu können.

Wenn wir uns während unserer Zusammenkünfte alle gemeinsam auf das Licht konzentrieren, auf ein helles, strahlendes Licht wie das der Sonne, so erschaffen wir damit eine einzigartige, mächtige Schwingung. Und wenn wir diese Übung ausführen, während wir langsam und tief atmen, so geht von uns eine spirituelle Energie aus, die das Bewusstsein von Millionen Männern und Frauen in der Welt erwecken wird. Wo immer sie auch sein mögen, wer sie auch seien, auch wenn wir sie nicht kennen – und sogar ohne dass sie wissen, woher dieser Impuls kommt – werden sie den Entschluss fassen, selbst auch für Frieden, Brüderlichkeit und die Verbreitung des Lichtes zu arbeiten.

3 – Der Chorgesang

Gemeinsam vierstimmig (Bass, Tenor, Alt, Sopran) zu singen, ist eine Handlung von großer Bedeutung. Zuerst einmal ist es ein Abbild, ein Ausdruck auf der physischen Ebene für die Übung, die wir täglich mehrmals ausführen sollten, um unseren Geist, unsere Seele, unseren Verstand und unser Herz in Einklang zu bringen. Die harmonische Verschmelzung der vier Stimmen lehrt uns, dass die vier Prinzipien Herz, Verstand, Seele und Geist in uns in Übereinstimmung kommen müssen.

Der Chorgesang ist auch das Symbol der Arbeit, die wir machen müssen, um untereinander in Einklang zu kommen. Sobald jeder in seinem Inneren Harmonie hergestellt hat, kann er damit beginnen, sich mit den anderen zu harmonisieren, damit die Verschmelzung der Stimmen über unseren Köpfen auch zu einer Verschmelzung unserer Herzen, unseres Verstandes, unserer Seelen und unseres Geistes wird.

Es ist wichtig, dass wir dieses neue Bewusstsein erlangen und sogar noch weiter gehen und verstehen, dass der Chorgesang den spirituellsten Grad von Verschmelzung zwischen den beiden Prinzipien, dem aussendenden und dem empfangenden darstellt, deren Repräsentanten die Männer und Frauen sind. Verschmelzung ist ein universelles Gesetz: Überall müssen sich die beiden Prinzipien, Männlich und Weiblich, vereinen, um Leben zu erzeugen. Für diejenigen, die sich dessen bewusst und dafür vorbereitet sind, geschieht diese Vereinigung sehr weit oben, in der Welt der Seele und des Geistes. Sie entflammt den ganzen

Menschen und sie bringt himmlische Geschöpfe zur Welt, die – vergleichbar mit Funken oder Flammen – hinausgehen und ihren Segen in den Raum ergießen.

Die Stimme ist nur Schwingung, aber diese Schwingungen werden zu Licht, wenn man ihre Intensität bis zu einem gewissen Grad erhöht. Gott hat eine unermessliche Macht in die menschliche Stimme gelegt. Diejenigen, die sich dessen bewusst geworden sind und die langsam und geduldig daran gearbeitet haben, ihr Herz, ihren Verstand, ihre Seele und ihren Geist miteinander in Einklang zu bringen, verwirklichen eine Arbeit für die ganze Welt, die von höchster Bedeutung ist.

22
Auf dem unendlichen Weg des Lichtes

Ihr könnt die Impulse eurer Seele nicht lange ignorieren. Vielleicht wird es euch einen Moment lang gelingen, sie einzusperren, aber bald wird sie die Ketten sprengen, um ihren Weg zu den Höhen wieder aufzunehmen. Wollt ihr ihr nicht folgen? Ihr fühlt euch unwohl, leer, habt Angst. Diese Leere, dieses Unwohlsein und diese Angst werden von der Seele ausgelöst, damit ihr gezwungen werdet zu reagieren und damit eure Spiritualität nicht erlahmt oder abstirbt. Achtet also auf die Regungen eurer Seele, bemüht euch, ihr zu folgen, überschreitet mit ihr die Grenzen der materiellen Welt, um in jene erhabenen Regionen einzutreten, aus denen jegliche Inspiration stammt. Manche bezeichnen diese Regionen als die Welt der Träume. Egal wie man sie nennt, wer träumt, ist inspiriert, er kostet ein göttliches Wasser.

Denkt daran, diese Augenblicke zu verlängern, während derer ihr in der Stille und inneren Sammlung ein Licht, eine himmlische Gnade empfangt. Viele eurer Zweifel, Leiden und Ängste kommen daher, dass ihr den Wert dessen, was euch gegeben wird, ignoriert. In einem bestimmten Moment und unter gegebenen Bedingungen gießen die spirituellen Wesenheiten ihre Klarheit über euch aus, und wenn ihr nicht aufmerksam genug seid, um sie aufzunehmen oder wenn ihr nicht wisst, wie ihr sie bewahren könnt, bleibt ihr immer hungrig, durstig und wankelmütig. Lernt, die Enthüllungen und Hilfen der himmlischen Geister aufzunehmen, bewahrt sie kostbar in eurem Inneren, um sie Früchte tragen zu lassen. Auf diese Weise wird der Sinn eures Lebens immer klarer in Erscheinung treten.

Einen Sinn in seinem Leben zu finden, ist die Belohnung für eine geduldige, beharrliche Arbeit, die ein Mensch an sich selbst unternommen hat. Wenn es ihm gelungen ist, sich bis zu einer bestimmten Bewusstseinsebene zu erheben, so empfängt er von oben ein äußerst kostbares Element, etwas wie einen Lichttropfen, eine Quintessenz, die die Materie seines Wesens durchtränkt.

Von diesem Augenblick an erhält sein Leben eine neue Dimension, eine neue Intensität. Die Ereignisse erscheinen ihm in einer neuen Klarheit, als wäre es ihm nun gegeben, sich dem wahren Grund aller Dinge anzunähern. Sogar der Tod kann ihn nicht mehr schrecken, weil dieses von oben erhaltene Teilchen ihm eine Welt offenbart, in der es weder Gefahren noch Finsternis gibt. Er fühlt, er weiß, dass er nun auf dem unendlichen Weg des Lichtes schreitet.

Omraam Mikhaël Aïvanhov

Bücher von Omraam Mikhael Aivanhov
Reihe Gesamtwerke

Band 1 - Das geistige Erwachen
Geboren aus Wasser und Geist * „Bittet, so wird euch gegeben. Suchet, so werdet ihr finden. Klopfet an, so wird euch aufgetan.“ * In den Augen offenbart sich die Wahrheit * Die Ohren bergen die Weisheit * Von der Liebe kündet der Mund * Liebe, Weisheit, Wahrheit * Bei Meister Deunov in Bulgarien Erlebtes * Die lebendige Kette der Universellen Weißen Bruderschaft.

Band 2 - Die spirituelle Alchimie
Sanftmut und Demut * Wenn ihr nicht sterbt, werdet ihr nicht leben * Lebendiger und bewusster Austausch * Der treulose Verwalter * »Sammelt euch Schätze...« * Das Wunder von den zwei Fischen und den fünf Broten * Die Füße und der Solarplexus * Das Gleichnis vom Weizen und vom Unkraut * Die spirituelle Alchimie * Die geistige Galvanoplastik * Die Rolle der Mutter während der Schwangerschaft

Band 3 - Die beiden Bäume im Paradies
Das theozentrische, das biozentrische und das egozentrische System * Die beiden ersten Gebote * Was das menschliche Gesicht offenbart * Die magische Kraft der Gesten und des Blickes * »Schreitet voran, während ihr das Licht habt!« * Der Rat des Weisen * Das Gleichnis von den fünf klugen und den fünf törichten Jungfrauen * Das Öl der Lampe * Die beiden Bäume des Paradieses * Die Achsen Widder-Waage und Stier-Skorpion * Die Schlange in der Genesis * Die Heimkehr des verlorenen Sohnes

Band 4 - Das Senfkorn
Symbole im Neuen Testament * »Das ist aber das ewige Leben, dass sie Dich, den einzig wahren Gott, erkennen...« * Der weiße Stein * »Und wer auf dem Dach ist...« * »Wer mir nachfolgen will, nehme sein Kreuz auf sich« * Der Geist der Wahrheit * Die drei großen Versuchungen * Das Kind und der Greis * »Ach, dass du kalt oder warm wärest!« * »Das ist ein köstlich Ding, dem Herrn danken...« * Das Senfkorn * Der Baum über dem Fluss * »Wachset und mehret euch...«.

Band 5 - Die Kräfte des Lebens
Das Leben * Charakter und Temperament * Gut und Böse * Der Kampf mit dem Drachen * Anwesenheit und Abwesenheit * Gedanken sind lebendige Wesenheiten * Die unerwünschten Wesen * Die Kraft des Geistes * Das Opfer * Das hohe Ideal * Frieden.

Band 6 - Die Harmonie

Die Harmonie * Die Medizin muss auf einer esoterischen Philosophie gegründet sein * Die Zukunft der Medizin * Der Schüler muss die Sinne für die geistige Welt entwickeln * Was uns das Haus lehrt * Wie die Gedanken sich in der Materie verwirklichen * Die Meditation * Menschlicher Intellekt und kosmische Intelligenz * Sonnengeflecht und Gehirn * Das Harazentrum * Das geistige Herz * Die Aura.

Band 7 - Die Reinheit, Grundlage geistiger Kraft

Jesod spiegelt die Tugenden aller anderen Sephiroth wider * Wie die Reinheit zu verstehen ist * Die Ernährung, Ausgangspunkt einer Studie über die Reinheit * Die Auswahl * Die Reinheit und das geistige Leben * Die Reinheit in den drei Welten * Der Lebensstrom * Friede und Reinheit * Von der magischen Kraft des Vertrauens * Die Reinheit der Worte * Man muss sich erheben, um die Reinheit zu finden * »Selig, die reinen Herzens sind« * Die Tore des himmlischen Jerusalem * Liebe und Sexualität * Die Sünde wider den Heiligen Geist ist die Sünde wider die Liebe * Ergänzende Erläuterungen * Die Quelle * Das Fasten * Wie man sich waschen soll * Von der wahren Taufe * Wie man während der Atemübungen mit den Engeln der vier Elemente arbeitet.

Band 9 - Im Anfang war das Wort – Kommentare zu den Evangelien

»Im Anfang war das WORT« * »Man füllt keinen neuen Wein in alte Schläuche« * »Vaterunser« * »Suchet zunächst nach dem Reich Gottes und Seiner Gerechtigkeit« * »Die Ersten werden die Letzten sein« * Weihnachten * Der Sturm, der sich gelegt hat * »Die höchste Zuflucht« * »Vater, vergib ihnen, denn sie wissen nicht, was sie tun« * Die Sünde wider den Heiligen Geist ist die Sünde wider die Liebe * Die Auferstehung und das Jüngste Gericht * »Im Haus meines Vaters gibt es viele Wohnungen« * Der Körper der Auferstehung.

Band 10 - Sonnen Yoga – Pracht und Herrlichkeit von Tiphereth

Die Sonne, Mittelpunkt des Universums * Wie man die ätherischen Lichtteilchen aus der Sonne aufnehmen kann * Unsere Seele nimmt beim Betrachten der Sonne deren Gestalt an * Unser höheres Ich wohnt in der Sonne * Die Sonne bringt die Samen zum Wachsen, die der Schöpfer in uns gelegt hat * Wie man die Heilige Dreifaltigkeit in der Sonne wiederfindet * Alle Geschöpfe haben ihr Zuhause * Der Rosenkranz der sieben Perlen * Der Meister im Rosenkranz der sieben Perlen * Jedes Geschöpf soll seine Wohnstätte schützen – Die Aura * Der heliozentrische Standpunkt * Liebt wie die Sonne! * Ein Meister soll wie die Sonne im Mittelpunkt bleiben * Steigt über die Wolken! * Die Sephira Tiphereth * Die Geister der 7 Lichtstrahlen * Das

Prisma als Sinnbild des Menschen * Der neue Himmel und die neue Erde * Die Sonne kann das Problem der Liebe lösen * Die Telesma-Kraft * Die Sonne ist Gottes Ebenbild * »Im Geist und in der Wahrheit« * Christus und die Sonnenreligion * Tag und Nacht (Bewusstsein und Unterbewusstsein) * Die Sonne ist der Begründer der Kultur * Die Sonne und die Lehre von der Einheit * Die Sonne ist der beste Pädagoge, weil sie ein Vorbild darstellt * Die Sonne, das Herz des Universums * Die drei Arten von Feuer * Richtet alles auf ein einziges Ziel aus.

Band 11 - Der Schlüssel zur Lösung der Lebensprobleme

Die Personalität ist der niedere Ausdruck der Individualität * Der Mensch soll zu seiner Individualität zurückfinden * Sinn und Ziel von Jnani-Yoga * Vom Nehmen und Geben (Sonne, Mond und Erde) * Personalität und Individualität: Die Begrenzung der unteren Welt * Die unendliche Weite der höheren Welt * Die Individualität bringt das wahre Glück * In der Personalität absterben, um in der Individualität aufzuleben * Der eigentliche Sinn der Gärung aus esoterischer Sicht * Die Individualität wünscht Gottes Willen zu tun * Das Gleichnis vom Baum * Zwei Arbeitsmethoden zur Bewältigung der Personalität * Wie sich der Mensch von seiner Personalität ausbeuten lässt * Aus der Sicht der Individualität * Über den Sinn des Opfers in den Religionen * Die Individualität allein vermag das durch die Personalität gestörte Gleichgewicht wieder herzustellen * »Gebt dem Kaiser, was des Kaisers ist!« * Die Personalität ist der Sockel der Individualität * Sucht nach himmlischen Verbündeten zum Kampf gegen die Personalität! * Vom richtigen Einsatz der Kräfte der Personalität * Wie man die inneren Tiere bezähmt * Die Sexualkraft kann zur Entwicklung der höheren Natur genutzt werden * Das Wirken für die weltweite Verbrüderung.

Band 12 - Die Gesetze der kosmischen Moral

Ihr werdet ernten, was ihr gesät habt * Die Wahl ist wichtig: Sucht die Arbeit und nicht das Vergnügen * Schöpferische Tätigkeit als Mittel zur inneren Entwicklung * Die Gerechtigkeit * Das Gesetz der Affinität und der Frieden * Das Gesetz der Affinität und die wahre Religion * Naturgesetze und moralische Gesetze * Die Reinkarnation * Macht nicht auf halbem Wege halt * Über den rechten Gebrauch der eigenen Energien * Wie man die Quintessenz erlangt * Die Moral der Quelle * Warum wir unsere Vorbilder in den höheren Regionen suchen sollen * Durch seine Gedanken und Gefühle wirkt der Mensch schöpferisch auf die unsichtbare Welt ein * Lasst die Verbindung nicht abbrechen * »Bist du Licht, dann gehst du zum Licht« * Das ätherische Doppel * Die neuen Muster * Die Moral bekommt ihre volle Bedeutung in der jenseitigen Welt * Die beste pädagogische Methode ist das Beispiel * »Wenn dich jemand auf die rechte Backe schlägt«.

Band 13 - Die neue Erde

Gebete * Am Morgen * Für den Tag * Am Abend * Die Ernährung * Das Verhalten * Laster und Schwächen * Negative Gemütsverfassung * Schwierige Lebenslagen * Anleitungen zur Reinigung und Läuterung * Mitmenschliche Beziehungen * Beziehungen zur Natur * Die Sonne * Die Sterne * Das Wirken mit der Denkkraft * Die geistige Galvanoplastik * Der Solarplexus * Das Hara-Zentrum * Das Wirken mit dem Licht * Die Aura * Der Lichtleib * Einige Sprüche und Gebete * Spirituelle Gymnastikübungen.

Band 14/15 - Liebe und Sexualität

Band 14: Die beiden Prinzipien männlich und weiblich * Den Stier bei den Hörnern packen * Die Kraft des Drachens * Geist und Materie, die Sexualorgane * Die Eifersucht * Die zwölf Tore von Mann und Frau * Die Vergeistigung der Sexualkraft * Lernt richtig zu essen, um lieben zu lernen * Die Rolle der Frau in der neuen Kultur * Die Bedeutung der Nacktheit in der Einweihung * Liebe ist im ganzen Weltall enthalten * Wie kann man den Begriff der Ehe erweitern? * Die Schwesterseele * Die Frage der Bindungen.

Band 15: Die wahre Ehe: Geist und Materie * Die Sonne, Quelle der Liebe * Die Vestalinnen oder die neue Eva * Gebt der Liebe ihre Reinheit zurück * Die Liebe verwandelt die Materie * Die Aufgabe eines Schülers * Tantra-Yoga * Nutzt die Kräfte der Liebe in rechter Weise * Das Glück liegt in der Erweiterung des Bewusstseins * “Was ihr auf Erden binden werdet...” * Die wahren Waffen: Liebe und Licht * Auf dem Weg zur großen Familie.

Band 16 - Alchimie und Magie der Enährung - Hrani-Yoga

Die Bedeutung des Kauens und der Atmung * In Stilleessen * Nicht bis zur Sättigung essen * Das Segnen der Nahrung * Bedeutung und spirituelle Dimension der Ernährung * Meditation vor der Mahlzeit * Das Töten der Tiere und das Gesetz der Gerechtigkeit * Die Nahrung, ein Liebesbrief des Schöpfers * In Stille essen, um die Stimme der Nahrung zu vernehmen * Die Mahlzeit, magische und heilige Zeremonie * Ob gut oder böse, was ihr euch selbst zufügt, fügt ihr auch der ganzen Menschheit zu * Die Nahrung und die Engel der 4 Elemente *Sich durch die Haut ernähren * Weiße und schwarze Magie * Das Mysterium des heiligen Abendmahls * Die wahre Kommunion * Indem man bewusst isst erlangt man Macht über die Materie.

17/18 Erkenne Dich selbst – Jnani-Yoga

Band 17: Die synoptische Tafel * Der Geist und die Materie * Die Seele * Das Opfer * Die Nahrung der Seele und des Geistes * Das Bewusstsein * Das Höhere Selbst * Die Wahrheit * Die Freiheit.

Band 18: Die Schönheit * Die spirituelle Arbeit * Die Macht des Denkens * Die Erkenntnis: das Herz und der Intellekt * Die Kausalebene * Konzentration, Meditation, Kontemplation, Identifikation * Das Gebet * Die Liebe * Der Wille * Die Kunst, die Musik * Die Geste * Die Atmung.

23/24 Die neue Religion – Eine universelle Sonnenreligion

Band 23: Der Strom des Lebens * Der Mensch und seine zwei Naturen * Ihr seid Götter * Die heliozentrische Revolution: Die Bruderschaft * Der Meister * Die Sonne, Abbild der heiligen Dreifaltigkeit * Ein neuer Typ Mensch: Die symbolische Bedeutung des Prismas * Die Nahrung: Das Wort * Wie man an seiner eigenen Materie arbeiten kann – Der Körper der Auferstehung * Die Gesetze des Schicksals.

Band 24: Die Lehre der Kraft * Der Sinn des Reichtums und des Besitzes in der Einweihungswissenschaft * Die Liebe ist Eins * Die wahre Ehe – Wie man die Auffassung der Ehe erweitert * Die Rolle der Frau in der neuen Kultur * Die wahren Grundlagen der Religion * Die geistige Schöpfung – Die Suche nach dem Stein der Weisen * An die Jugend und die Familien * Das Reich Gottes auf Erden.

Band 25/26 - Der Wassermann und das Goldene Zeitalter

Band 25: Das Wassermann-Zeitalter * Der Geist der Brüderlichkeit ist im Kommen * Jugend und Revolution * Kommunismus und Kapitalismus * Die wahre Ökonomie * Gold und Licht * Aristokratie und Demokratie * Die Politik im Licht der Einweihungswissenschaft *

Band 26: Die Prinzipien und die Formen * Die wahre Religion Christi * Die Idee der Pan-Erde * Der kosmische Körper * Das Reich Gottes und seine Gerechtigkeit * Das neue Jerusalem.

Band 27 - Die Pädagogik in der Einweihungslehre

Zuerst sollten die Eltern unterwiesen werden * Die Rolle des Unterbewusstseins bei der Kindererziehung * Erziehung und Bildung – Die Macht des Vorbildes * Die Jugend auf die Zukunft vorbereiten * Das Erlernen der Gesetze * Das Kind und der Erwachsene * Die Rolle eines Meisters * Die Nachahmung als Faktor der Erziehung * Die Einstellung gegenüber einem Meister * Die Methoden eines Meisters * Die Arbeit in der Einweihungsschule.

Band 28/29 - Die Pädagogik in der Einweihungslehre

Band 28: Weshalb man ein spirituelles Leben wählen sollte * Der Sinn des Lebens, die Entwicklung * Die gestaltende Vorstellungskraft * Lesen und Schreiben * Der Selbstmord * Eine neue Einstellung dem Bösen gegenüber * Die Raupe und der Schmetterling * Die Liebe, ein Bewusstseinszustand * Die Geburt auf den verschiedenen Ebenen * Die Sonne als Vorbild * Mann und Frau in der neuen Kultur

Band 29: Die Gesetze der spirituellen Arbeit * Unsere Verantwortung * Das neue Leben erbauen * Das lebendige Wissen * Lasst die Quelle sprudeln * Die spirituelle Atmosphäre * Die Medizin der Zukunft * Lebt in der Poesie! * Seid vollkommen wie euer Vater im Himmel vollkommen ist * Die Wirklichkeit der unsichtbaren Welt * Nehmt teil an der Arbeit der Universellen Weißen Bruderschaft

Band 30/31 - Leben und Arbeit in einer Einweihungsschule

Band 30: Zum »Tag der Sonne« * Le Bonfin * Die Arbeit in der göttlichen Schule * Hrani Yoga und Surya-Yoga * Der Geist dieser Lehre * Materie und Licht * Die Reinheit, Voraussetzung für das Licht * Der Sinn der Einweihung
Band 31: Das neue Leben * Materialisten und spirituelle Menschen * Der wahre Sinn des Wortes Arbeit * Wie man mit Schwierigkeiten umgeht * Die Beschäftigung des Schülers mit seiner niederen Natur * Eitelkeit und Hochmut * Meister und Schüler * Wie man über die Vorstellung von Gerechtigkeit hinauswächst * Hierarchie und Freiheit * Die Allmacht des Lichtes

Band 32 - Die Früchte des Lebensbaums

Wie man das Studium der Kabbala in Angriff nehmen sollte * Die Zahl 10 und die 10 Sephiroth * Der Lebensbaum * Die Erschaffung der Welt * Der Sündenfall und der Wiederaufstieg des Menschen * Die vier Elemente * Die Macht des Feuers * Wasser und Feuer * Das lebendige WORT * Die esoterische Kirche des Johannes * Binah, das Reich der Beständigkeit * Der menschliche Geist ist der Vorbestimmung überlegen * Der Tod und das Leben im Jenseits * Menschliche und kosmische Atmung * Die Kardinalfeste * Der Mond und sein Einfluss auf die Seelen * Der Zauberstab * Die Naturgeister * Der Gralskelch * Die Errichtung des inneren Tempels.

Vom selben Autor

Taschenbuchreihe IZVOR

200 Hommage an Meister Peter Deunov
201 Auf dem Weg zur Sonnenkultur
202 Der Mensch erobert sein Schicksal
203 Die Erziehung beginnt vor der Geburt
204 Yoga der Ernährung
205 Die Sexualkraft
206 Eine universelle Philosophie
207 Was ist ein geistiger Meister?
208 Das Egregore der Taube o. das Reich des Friedens
209 Weihnachten und Ostern in der Einweihungslehre
210 Die Antwort auf das Böse
211 Die Freiheit, Sieg des Geistes
212 Das Licht, lebendiger Geist
213 Die menschliche und göttliche Natur in uns
214 Liebe, Zeugung und Schwangerschaft
215 Die wahre Lehre Christi
216 Geheimnisse aus dem Buch der Natur
217 Ein neues Licht auf das Evangelium
218 Die geometrischen Figuren und ihre Sprache
219 Geheimnis Mensch. Seine feinst. Körper u. Zentren
220 Der Tierkreis, Schlüssel zu Mensch und Kosmos
221 Alchimistische Arbeit und Vollkommenheit
222 Die Psyche des Menschen

223 Geistiges und künstlerisches Schaffen
224 Die Kraft der Gedanken
225 Harmonie und Gesundheit
226 Das Buch der göttlichen Magie
227 Goldene Regeln für den Alltag
228 Einblick in die unsichtbare Welt
229 Der Weg der Stille
230 Die Himmlische Stadt
231 Saaten des Glücks
232 Feuer und Wasser – Wunderkräfte der Schöpfung
233 Eine Zukunft für die Jugend
234 Die Wahrheit, Frucht der Weisheit und der Liebe
235 Im Geist und in der Wahrheit – Wie finde ich zu Gott
236 Weisheit aus der Kabbala
237 Das kosmische Gleichgewicht – Die Zahl 2
238 Der Glaube versetzt Berge
239 Die Liebe ist größer als der Glaube
240 Söhne und Töchter Gottes
241 Der Stein der Weisen
242 Unerschöpfliche Quellen der Freude
243 Das Lächeln des Weisen
244 Dem Licht entgegen

Vom selben Autor

Reihe Broschüren

301 Das neue Jahr
302 Die Meditation
303 Die Atmung
304 Der Tod und das Leben im Jenseits
305 Das Gebet
306 Musik und Gesang im spirituellen Leben
307 Das hohe Ideal
308 Das Osterfest – Die Auferstehung und das Leben
309 Die Aura, unsere geistige Haut
310 In die Stille gehen
311 Wie Gedanken sich in der Materie verwirklichen
312 Die Reinkarnation
313 Das Vaterunser
314 Das Gesetz der Gerechtigkeit und das Gesetz der Liebe
315 Die Quelle des Lebens
316 Die Nahrung, ein Liebesbrief des Schöpfers
317 Die Kunst und das Leben
318 Die wesentliche Aufgabe der Mutter während der Schwangerschaft
319 Die Seele, Instrument des Geistes
320 Menschliches und göttliches Wort
321 Weihnachten und das Mysterium der Geburt Christi
322 Die spirituellen Grundlagen der Medizin
323 Meditationen beim Sonnenaufgang
324 Der Friede, ein höherer Bewusstseinszustand
325 Das Ideal des brüderlichen Lebens
326 Die ganze Schöpfung wohnt in uns
327 Der Preis der Freiheit

Vom selben Autor

Reihe Stani

Mit den Büchern aus dieser Reihe können die von Omraam Mikhaël Aïvanhov vorgeschlagenen und gezeigten Übungen und Gebete erlernt, angewendet und vertieft werden. Die Bücher enthalten anschauliche Zeichnungen, Farb-Fotos, Tabellen und Diagramme, welche das Verständnis und die Umsetzung erleichtern.

905 Die Gymnastik-Übungen – Sinn, Ablauf und Entsprechung zu heiligen Symbolen (mit DVD)

906 Erhebende Gedanken – Die Meditation

907 Das Licht und die Farben – Kräfte der Schöpfung

908 Vom Sinn des Betens – Erklärung und Gebete

Verlage und Auslieferungen

FRANKREICH (Hauptverlag)

Editions Prosveta S.A. - 1277, av. Jean Lachenaud, F-83600 Fréjus
Tel. 04 94 19 33 33, contact@prosveta.fr, www.prosveta.fr

Auslieferungen International:

AUSTRALIEN
PROSVETA AUSTRALIA
108 Grand Ocean Boulevard
Port Kennedy WA 6172
Tel. (61) 8 9594 1145
prosveta.au@aapt.net.au

BELGIEN UND LUXEMBURG
PROSVETA BENELUX
Chaussée de Merchtem 123
1780 Wemmel
Tel. (32) 2 460 108 53
prosveta@skynet.be,
www.prosveta.be

BENIN
ETS Evera-Librairie
Abomey-Calavi
Tel. +229 977 759 50
etsevera@gmail.com

BOLIVIEN
VIRGINIA BELTRÁN
Reemanso 2 Numero
9080 Santa Cruz - Bolivia
mavibel@gmail.com

CHILE
AGRUPACIÓN VEHADI
Paula González Morel
TEL. +56 982 948 670 / 998 901 258
vehadi.chile@gmail.com

DEUTSCHLAND
PROSVETA VERLAG GMBH
Grabenstr. 14, 78661 Dietingen
Tel. +49 7427 3430
kontakt@prosveta.de
www.prosveta.de

ENGLAND UND IRLAND
PROSVETA, THE DOVES NEST
Duddleswell Uckfield
East Sussex TN 22 3JJ
Tel. (44) (01825) 712 988
orders@prosveta.co.uk
www.prosveta.co.uk

GABUN
Librairie Tiphéret
BP 1554www.pyrinoskosmos.gr
Libreville
Tel. +241 662 241 35
Tel. +241 662 517 17
a.dirat@gabontelecom.ga

GRIECHENLAND
PYRINOS KOSMOS
Egeou 29 –Koropi
G–19400 Athens Attica
Tel. +30 210 360 28 83

HAITI
PROSVETA DÉPÔT HAITI
Angle rue Faustin 1er et rue Bois Patate #25 bis
- 6110 Port-au-Prince
rbaaudant@yahoo.com

INDIEN
VIJ BOOKS
2/19 Ansari Road, Darya Ganj
New Delhi 110 002
www.vijbooks.com
vijbooks@rediffmail.com
Tel.: + 91-11-43596460 / 1147340674

ISRAEL
prosveta.il@hotmail.com
Hadkeren Publishing House
PO Box 8426 - 6 108 301 Tel-Aviv – Jaffa
info@hadkeren.co.il
www.hadkeren.co.il

ITALIEN
PROSVETA COOP. A R.L.
Casella Postale 55
06068 Tavernelle (PG)
Tel. (39) 075-835 84 98
prosveta@tin.it, www.prosveta.it

KAMERUN
Librairie Bibliothèque, Vera Book Center
Yaoundé au Carrefour MEEC
BP 17506 Etétak – Yaoundé
Tel. +237 699 959 044 / 694 546 116
verabookcenter@gmail.com

KANADA

PROSVETA INC.
3950 Albert Mines – Canton de Hatley – (QC)
J0B 2C0
Tel. +1 819 564 82 12
prosveta@prosveta-canada.com
www.prosveta.ca

KOLUMBIEN

PROSVETA COLOMBIA
Calle 174 Número 54B
50 Interior 6
Villa del Prado – Bogotá
Tel. (57 1) 6 14 53 85
Tel. 6 72 16 89
Mobil: (57) 311 8 10 25 42
prosveta.colombia@hotmail.com

KONGO

Librairie Providence
19 Rue Maleke Moukondo (Mfilou)
Brazzaville
Tel. +242 066 193 927
librairieprovidence2021@gmail.com

LETTLAND

Cilveka Pasatjaunosanas, biedriba
Ravija Astahova
Anniņmuižas bul. 43 – 135
Riga, Latvija LV-1069
Tel. +371 292 93298
ravija@inbox.lv

LIBANON

PROSVETA LIBAN
P.O. Box 90-995
Jdeitet-el-Metn, Beirut
Tel. (03) 448560
prosveta_lb@terra.net.lb
www.prosveta-liban.com

LITAUEN

LEIDYKLA MIJALBA
Gedimino G 26 B – 44319 Kaunas
Tel. 370.687 8760
info@mijalba.com
www.mijalba.com

NEUSEELAND

PROSVETA NEW ZEALAND LTD
49 Stottholm Road
Titirangi 0604
Aotearoa New Zealand
Tel. +64 686 727 89 / +64 220 212 214
johnson.susan34@gmail.com
www.oma-books.co.nz

NIEDERLANDE

STICHTING PROSVETA
NEDERLAND
t.a.v. K. Laan - Zeestraat 50
2042 LC Zandvoort
Tel. +31 235 716 473
laan@prosveta.nl, www.prosveta.nl

NORWEGEN

PROSVETA NORDEN
Postboks 150 Sentrum – N-0102 Oslo
Tel. (47) 90 27 43 33
www.prosveta.no

ÖSTERREICH

HARMONIEQUELL VERSAND
Ulmenweg 8, A 5302 Henndorf
Tel. und Fax +43 6214 7413
info@prosveta.at, www.prosveta.at

PERU

Contact Prosveta - Viviana Hermosa Mattos
Tel. + 51 999 355 919
vivihermosa@gmail.com

POLEN

Księgarna – Galeria Nieznany Świat
ul. Kredytowa 2, 00-062 Warszawa
tel. +48 827-93-49, www.nieznany.pl

PORTUGAL

PUBLICAÇÕES MAITREYA
4100 - 027 Porto
flora@publicacoesmaitreya.pt

RUMÄNIEN

EDITURA PROSVETA SRL
Str. N. Constantinescu 10
Bloc 16A - sc A
Apt. 9 Sector 1, 71253 Bucarest
Tel. +4 072 770 59 17
prosveta_ro@yahoo.com - www.prosveta.ro

RUSSLAND

EDITIONS PROSVETA
Elena Jitniouk
ul. Partizanskaya, d.22, kv. 87
Moskow 121351
Tel. +8 903 795 70 74
prosveta@prosveta.ru,
www.prosveta.ru

SCHWEIZ

ÉDITIONS PROSVETA
Société coopérative
Chemin de la Céramone 13
CH - 1808 Les Monts-de-Corsier
Tel. +41 21 921 92 18
prosveta@prosveta.ch - www.prosveta.ch

SERBIEN
EDITION BABUN D.O.O.
Ana Bešlić, Tel. +381653193913
babun.info@gmail.com

Izdavačko Preduzeće Paleja D.o.o
(Editions Paleja), Željko Mojsilović
Put za Trešnju 1. deo br. 9, Ripanj
Beograd, Tel. +381 653 433 857
info@svetlostknjige.com

SPANIEN
ASOCIACION PROSVETA ESPAÑOLA
C/ Diputacio, 385 local bajos 2
SP-08013 Barcelona
Tel. (+34) (93) 412 31 85
aprosveta@prosveta.es
www.prosveta.es

TSCHECHISCHE REPUBLIK
PROSVETA
Ant. Sovy 18
370 05 České Budějovice
Tel. +420 723 581 030
prosveta@iol.cz / info@omraam.cz
www.omraam.cz

TOGO
Le Livre SARL
Rue Kedjessinawe Tokoin Novissi
BP 1723 - Lomé Togo
Tel. +228 900 483 73
Tel. +228 982 959 58
lelivre1@yahoo.fr

TÜRKEI
Hermes Yayinlari
hermeskitap@gmail.com
www.hermeskitap.com

USA
WELLSPRING OF LIFE
404 N Mount Shasta Blvd # 320
Mount Shasta CA 96067, USA
Tel. +1 530 918 33 91
wellspringsoflife@mail.com
www.prosveta-usa.com

VENEZUELA
PROSVETA VENEZUELA C. A.
Multicentro Empresarial Macaracuay
Piso 5 Oficina 3
Caracas D. C.
Código postal 1061
Tel. +58 412 904 89 94 / +58 414 134 75 34
prosvetavenezuela@gmail.com
www.prosvetavenezuela.com

Weitere und aktualisierte Adressen finden Sie unter:
www.prosveta.de/informationen/bestelladressen

Wenn Sie sich über die Anwendung der Lehre von
Omraam Mikhael Aivanhov informieren möchten,
wenden Sie sich bitte an eine der folgenden Adressen:

Deutschland
UWB e.V., Geschäftsstelle Heideweg 7a, 01814 Rathmannsdorf
Tel: 035022 - 519052, www.aivanhov.de, uwb@uwb-ev.de

Schweiz
FBU, Chemin de la Céramone 13, 1808 Les-Monts-de-Corsier
Telefon 021 925 40 80, www.videlinata.ch

Österreich
UWB, Telefon 01 27 698 32
Internet: www.uwb.at, E-Mail: info@uwb.at